Callwey

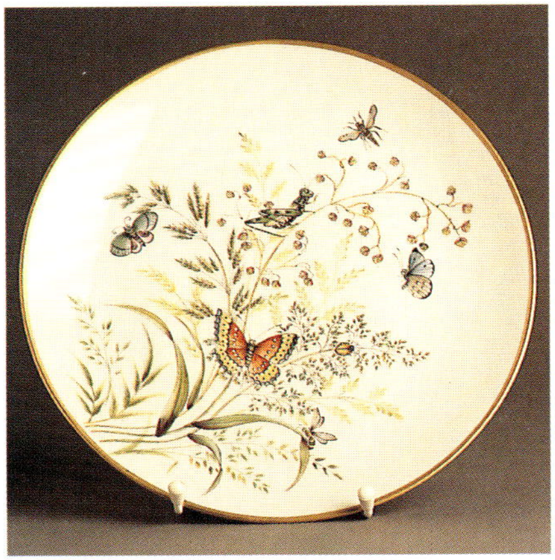

**Ideen**
**Techniken**
**Beispiele**

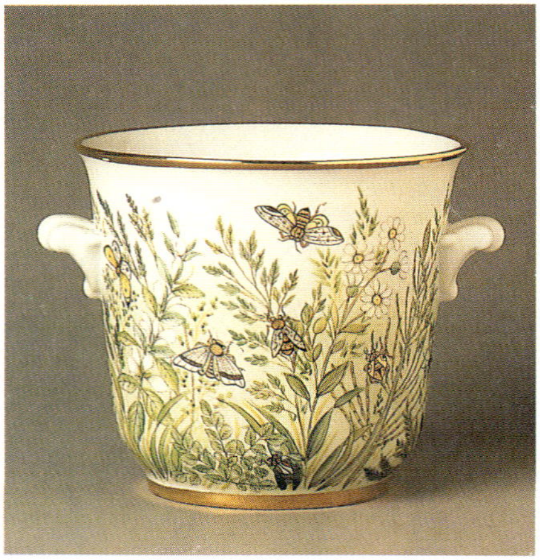

**Margrit Marr-Hartmann**

# Porzellanmalerei

# Gräser, Käfer, Schmetterlinge …

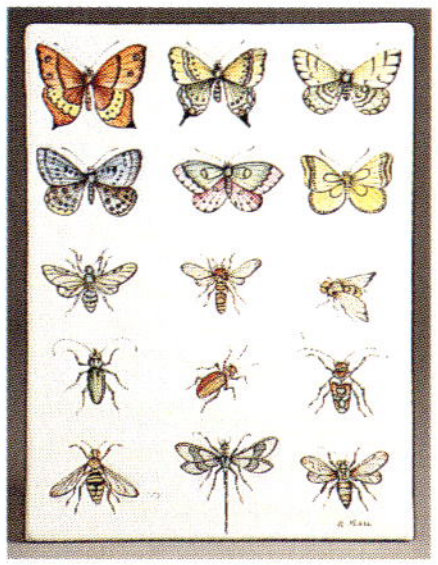

CALLWEY

SPEZIAL

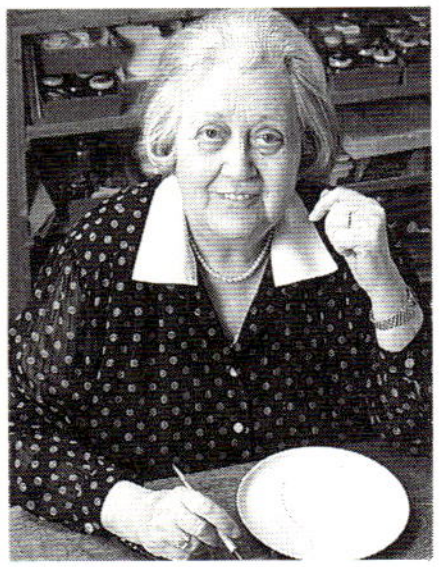

## Bildnachweis

Alle Bilder für dieses Buch wurden von Frau Margret Paal, Fotografin in München, aufgenommen.
Die Zeichnungen fertigte die Autorin an.

Die Deutsche Bibliothek –
CIP-Einheitsaufnahme
*Porzellanmalerei:* Gräser, Käfer,
Schmetterlinge ... / Margrit Marr-Hartmann.
Mit Aufnahmen von Margret Paal. –
München : Callwey 1993
(Callwey creativ : spezial)
ISBN 3-7667-1075-3
NE: Marr-Hartmann, Margrit; Paal, Margret


Einband und Reihengestaltung
Germar Wambach, München
Satz Filmsatz Schröter GmbH,
München
Lithos CS Repro-Dienst, Singapur
Druck und Bindung EBS, Verona
Printed in Italy 1993
ISBN 3-7667-1075-3

# INHALT



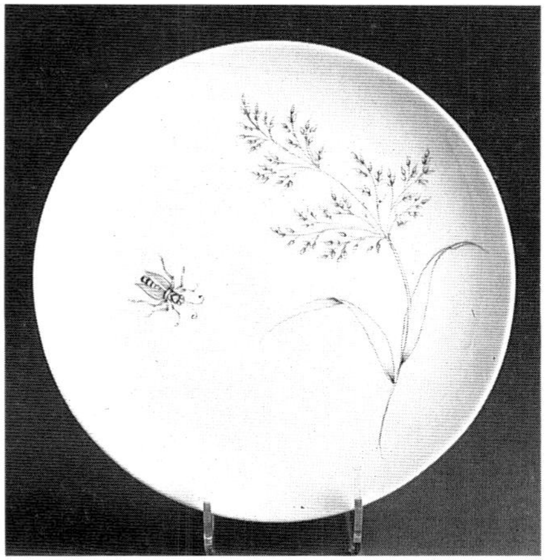

## VORWORT

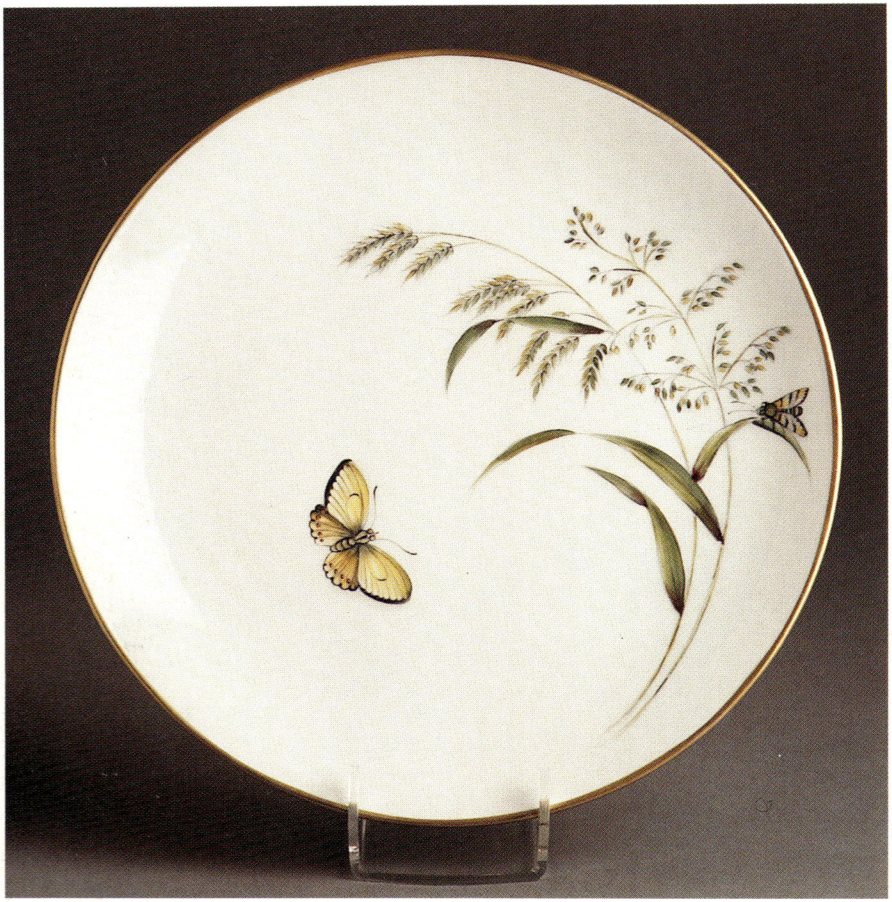

**7 Teller mit Trespen- und Rispengras (rechts) sowie Insekten.**

Geboren bin ich in Basel. Meine Begeisterung, die kleinen Wunder der Natur auf jede nur denkbare Weise malerisch auszudrücken und wiederzugeben, war schon früh vorhanden - und der Wunsch, mir die nötige Technik dazu anzueignen, nicht mehr zu beschwichtigen. Auf Anraten meiner Eltern absolvierte ich jedoch zuerst eine kaufmännische Lehre, und ich war auch einige Jahre in diesem Beruf tätig. Aber der Drang, zu malen, war stärker und vordergründig, und in besonderem Maße faszinierte mich das Porzellan. In der Schweiz gab es zum damaligen Zeitpunkt noch keine Gelegenheit, den Beruf des Porzellanmalers, der Porzellanmalerin, zu ergreifen. Ich entschloß mich daher, bei einem Privatlehrer Zeichenunterricht »nach der Natur« zu nehmen. Daran anschließend erlernte ich die Farbtechnik der Porzellanmalerei, die Technik des Brennens und andere Fertigkeiten bei einem Meistermaler einer berühmten Porzellanmanufaktur, der KPM.

Von Anfang an achtete ich darauf, nicht die alten konventionellen Maler zu kopieren, da ich meine eigene Kreativität in die Malerei einbringen wollte. Mein zukünftiger künstlerischer Weg über 45 Jahre hinweg brachte es mit sich, daß ich die verschiedenen eigenen Techniken immer weiter entwickeln konnte. Einen kleinen Teil davon möchte ich Ihnen hier mit diesem Buch näherbringen und Sie dazu anregen, Ihre eigene Kreativität spielerisch zu erproben. Wenn Sie mit der einfachen Technik beginnen, wird es Ihnen bei einiger Übung und Ausdauer bald nicht mehr schwerfallen, diese wunderbaren Kleinodien, nämlich Gräser und Insekten, höchst wirkungsvoll auf das Porzellan zu zaubern. Sie werden sich und Ihre Freunde damit gleichermaßen begeistern. Viel Vergnügen dabei wünscht Ihnen

*Margrit Marr-Hartmann,*
*Bettingen/Schweiz*

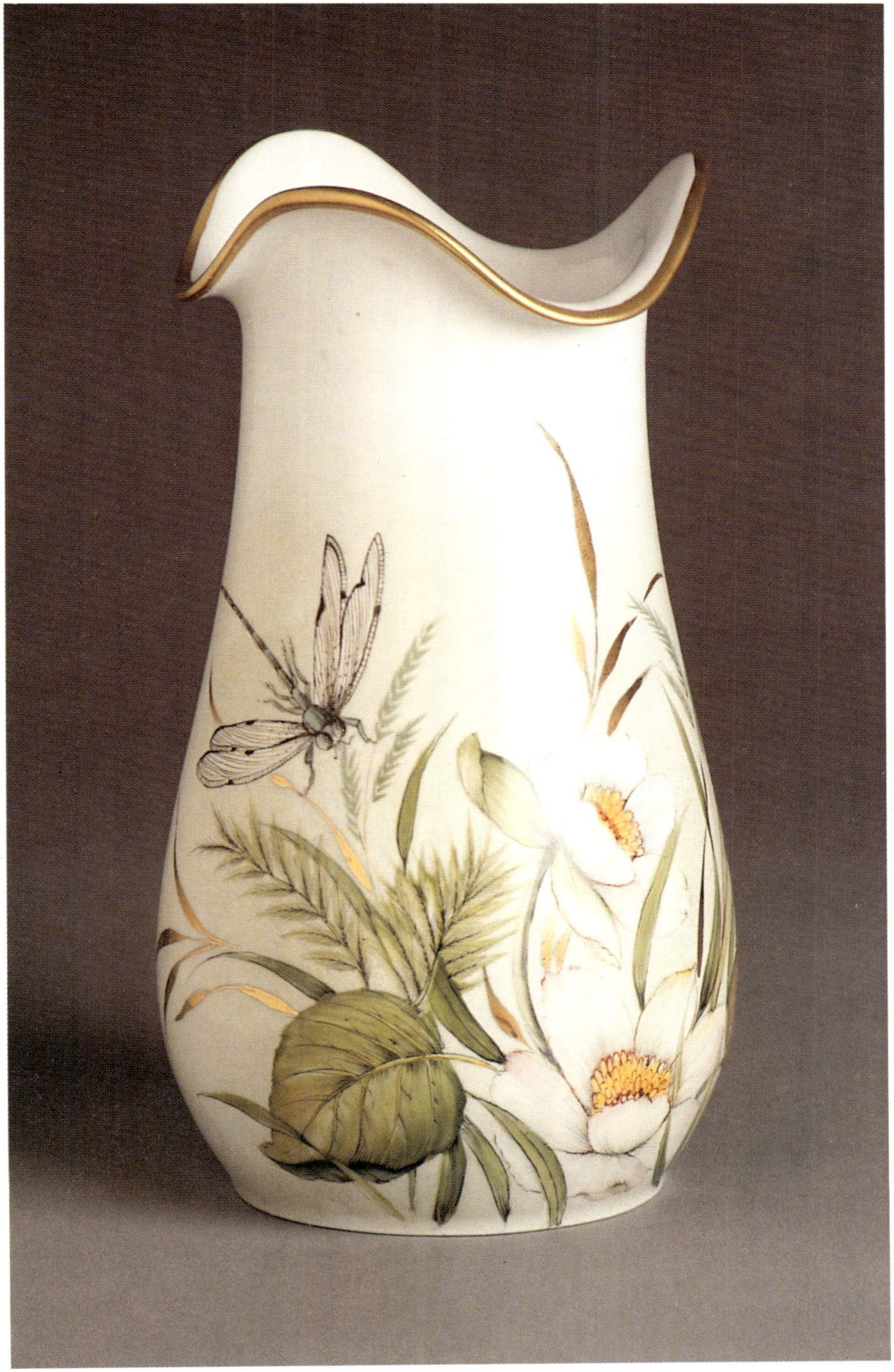

**8 In diesem Vasendekor flechten sich Gräser, Blätter und sogar Seerosenblüten höchst effektvoll ineinander. Die Libelle ist zudem eine zarte Ergänzung zu den schlanken goldenen Halmen.**

## DER ARBEITSPLATZ

Zunächst ist eine Ecke in einem Raum mit guten Lichtverhältnissen ausreichend. Wenn Sie schon keinen eigenen Arbeitsraum haben, rate ich Ihnen, zumindest den einmal gewählten Platz beizubehalten, damit Sie alles stehen und liegen lassen können und nicht ständig aufräumen müssen. Sie gehen dadurch viel freudiger wieder an die angefangene Arbeit heran.

**Mein Tip:**
Jedesmal, bevor Sie beim Malen eine Pause einlegen, sollten Sie nicht versäumen, die Farben mit der Spachtel noch einmal gut durchzurühren und sie in der benötigten Reihenfolge auf eine frisch gereinigte Glaspalette zu übertragen. Decken Sie diese Palette mit einem Kartondeckel gut ab, dann bleiben die Farben staubfrei und dazu frisch zum Weitermalen, was Ihre Arbeitslust sicher beschwingt, wenn Sie ohne große Vorarbeit gleich weitermachen können.

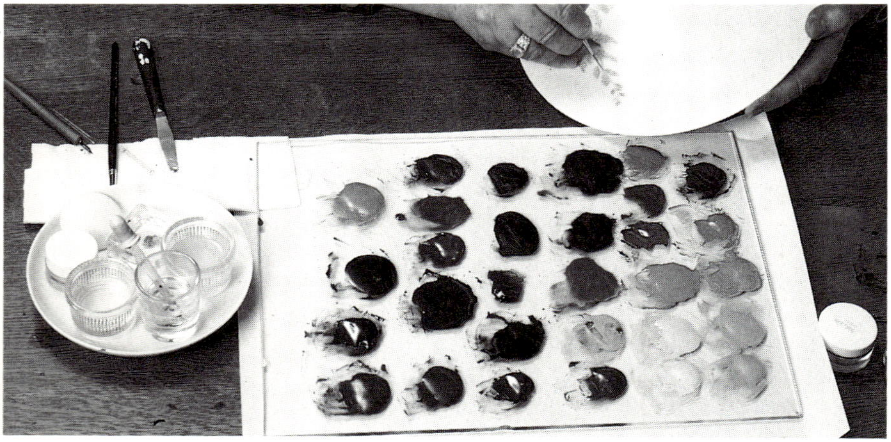

**9 Die Farben lassen sich auf einer Glasplatte am besten anmischen; neue Farbtöne ergeben sich durch vielfältige Mischversuche. Auf der rechten Seite stehen und liegen bereit: Nelken- und Dicköl in Schälchen mit Pipette, Tuschfeder, Pinsel, Spachtel zum Farbanmischen.**

Die Belichtung spielt natürlich eine ganz wesentliche Rolle. Achten Sie bitte darauf, daß das Licht am Tag von links kommt, so daß Sie mit Ihren Händen keinen Schatten auf die Arbeit werfen. (Linkshänder sollten folgerichtig das Licht von rechts einfallen haben.) Wenn Sie bei Nacht arbeiten, ist eine gute, gleichmäßig ausleuchtende Deckenbeleuchtung von besonderer Wichtigkeit - lassen Sie sich hier am besten von einem Elektriker beraten. Die sogenannten Tageslichtleuchten haben den Vorteil, daß sich die Farben unter ihrem Schein nicht verändern. Der Boden des Werkplatzes sollte naß zu reinigen sein. Haben Sie aber nur eine Ecke in einem Zimmer zum Malen frei, können Sie diesen Teil mit einem Stück guten Bodenbelags auslegen lassen. Steht Ihnen jedoch ein ganzer Raum zur Verfügung, wäre ein versiegelter Holzboden oder ein Kunststoffbelag angebracht. Dadurch ersparen Sie sich beim Abstauben und Putzen viel Mühe und Arbeit. Dies schlägt auch in anderer Hinsicht positiv als Vorteil zu Buche, da Ihre Farben weitaus staubfreier bleiben als sonst üblich!

## DAS BESONDERE DER GRÄSER-, INSEKTEN- UND FALTERMALEREI

Dieses Buch ist für die Porzellanmaler und -malerinnen gedacht, die schon etwas Erfahrung in der Technik der Porzellanmalerei gesammelt haben. Da es im Buchhandel bereits genügend Ratgeber und weiterführende Fachliteratur gibt, erübrigt es sich, das Anrühren der Farbe und weitere Vorarbeiten hier nochmals in allen Einzelheiten auszuführen.

**Benötigte Materialien und Pinsel:**

Porzellanmalfarben in Pulverform zum Anmischen
Dicköl und Nelkenöl
Tusch-Zeichenfedern
Zwei Pinsel: Nr. 2, lang; Nr. 4, kurz
Allstabilo-Stift und (für die Skizzen) weicher Bleistift
Wattestäbchen zum Auswischen der Farben
Schaumgummi-Stupfer jeder Größe zum Auftupfen des farbigen Fonds
Iris-Lüsterfarbe zum Akzentuieren der Insektenflügel
Glanzgold, Glanzsilber, Mattgold
Polierer

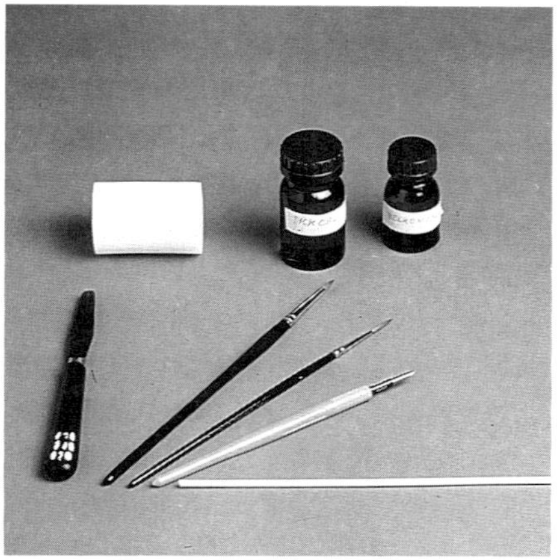

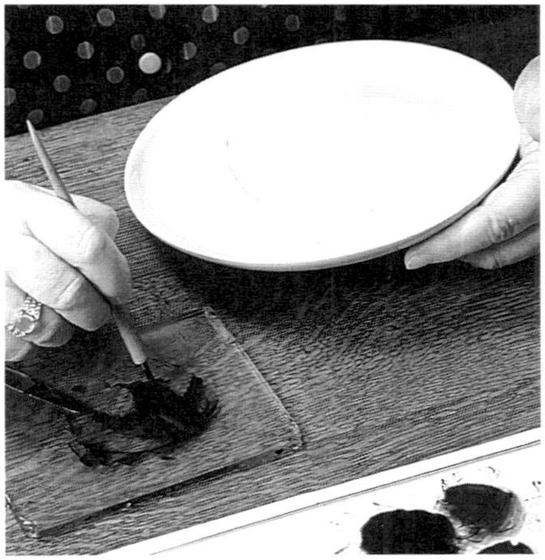

**10 Die wichtigsten Malwerkzeuge: oben, von links nach rechts Schaumgummi-Stupfer, Dick- und Nelkenöl; unten von links Spachtel, zweierlei Pinsel, Zeichenfeder und Wattestäbchen.**

Allein die Vielfalt und Eleganz der Gräser ist schon so groß, daß ihre Darstellung als einziges Element auf einem Dekorteil – ob Untertasse, kleine Vase oder Zuckerdose – an sich schon völlig ausreicht. Ein einzelner hinzugefügter Schmetterling oder Käfer wird der Komposition dann noch zusätzliche Leichtigkeit und eine besonders duftige Wirkung verleihen (siehe die Abbildungen 7, 8, 30–33).
Beim großangelegten Motiv auf einem Platzteller oder einer Bodenvase zeigt sich die wahre Meisterschaft des Porzellankünstlers dann in der Kombination der Blumenmotive und der zarten kleinen Lebewesen sowie in einer harmonischen Farbwahl, was die fertigen Arbeiten am Ende dieses Buches (siehe die Abbildungen 73, 79, 83, 86, 91, 93, 99, 101) belegen.

**11 Aufzeichnen der ersten Blattlinie mit der Tuschfeder, die mit schwarzer Porzellanmal-Farbe gefüllt wurde.**

**12 Einzelne Ährenbeispiele der verschiedenen Gräserarten.**

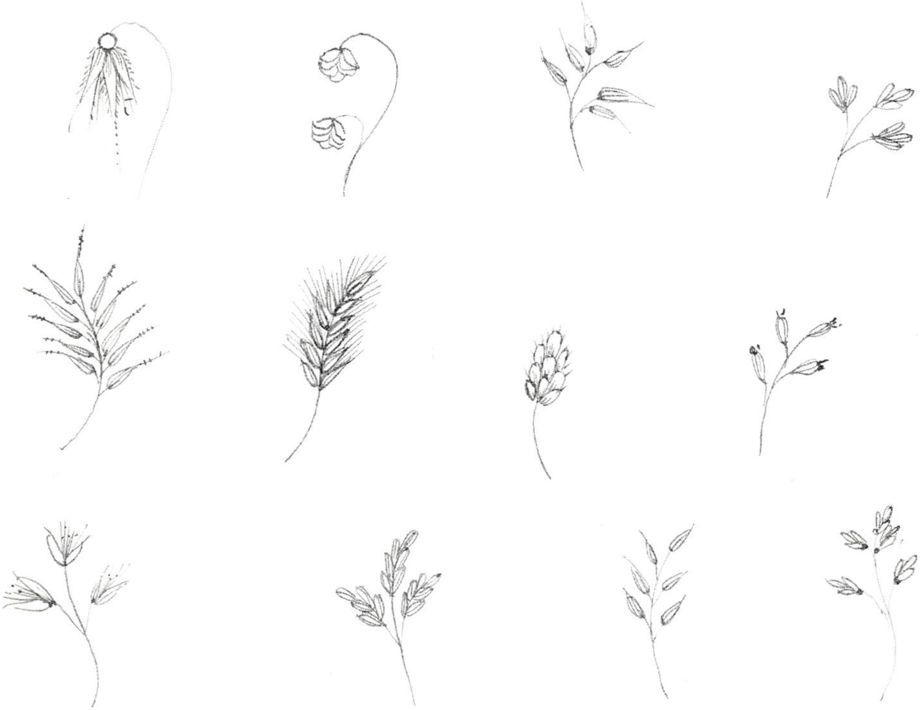

Vor der malerischen Umsetzung auf Porzellan ist häufig eine Änderung der Sehgewohnheiten nötig: Richten Sie bei Ihren Natur-Spaziergängen in Wald und Feld doch einmal Ihr Augenmerk nicht allein auf Pflanzen mit bunten Blüten, sondern schenken Sie Ihre Aufmerksamkeit den zahlreichen Arten der Gräser. Sie werden dabei den Zugang zu einer Welt der zierlichen Formen und stillen Schönheiten finden.
Es gibt Wald- und Wiesengräser und alle haben ihren besonderen Reiz und eine Formenvielfalt von einfach bis höchst elegant. Auch über einen eventuellen Mangel an Farbe brauchen Sie sich bestimmt nicht zu beklagen: Sie werden bald nicht nur die unterschiedlichsten Grüntöne, sondern auch Rosa und Lila finden und unterscheiden können (vergleiche die Abbildungen 75 und 78).

Als getrocknete Gräser behalten sie oft diese Farbigkeit sogar bei, und andere, im Winter verwelkte Gräser sind in ihren Braun- und Beigetönen eine wunderbare Ergänzung in einem gemalten Herbst- oder Winterbouquet.

**13 Die Blätter der Gräser werden mit dem kurzen Pinsel Nr. 4 gemalt.**

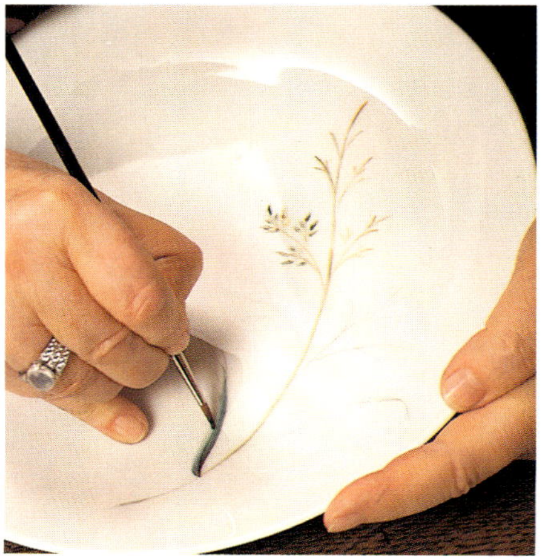

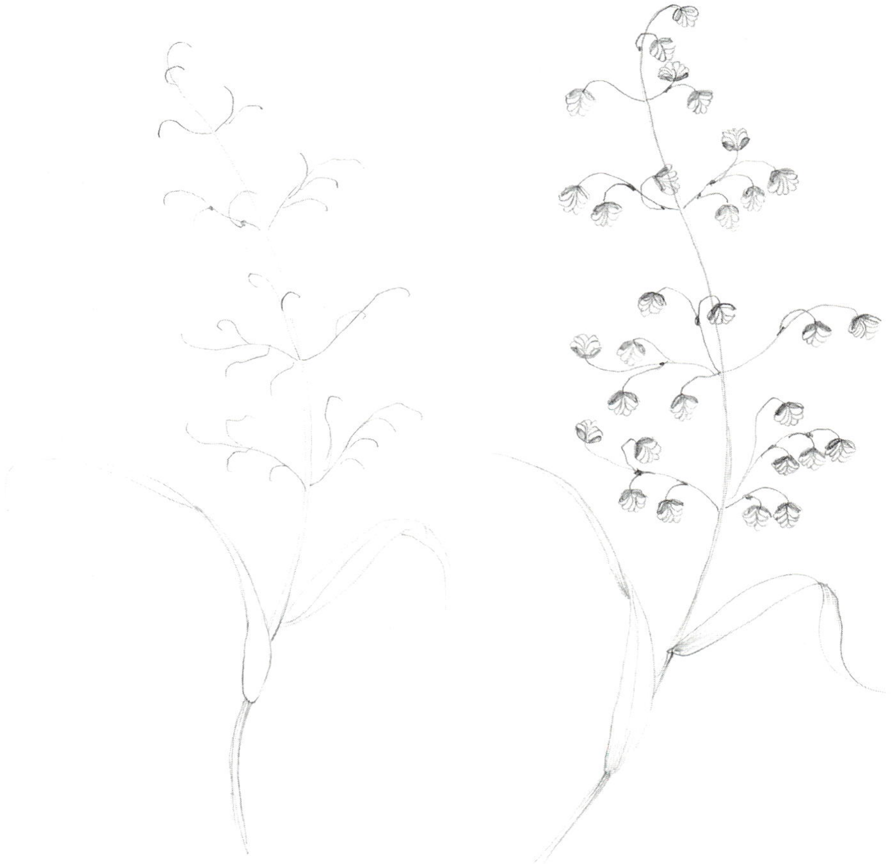

**14 Anlage (links) und Ausführung (rechts) einer zarten Zittergras-Rispe.**

Am besten sammeln Sie bei Ihren Wanderungen immer ein paar Gräser verschiedener Arten und stellen diese in einem Glas an Ihrem Arbeits- oder Malplatz auf. So können Sie die Anordnung der Rippen und Ährchen am besten studieren und werden nach und nach immer mehr Freude an der Gräsermalerei bekommen. Für diese Dekors eignen sich speziell Vasen, Krüge, Blumenübertöpfe, flache Teller wie Eß- und Platzteller, Kuchenplatten und natürlich Mokka- und Kaffeetassen. Wählen Sie jedoch bevorzugt einfache, klare Formen, keine verschnörkelten, damit die naturalistische Malerei ihre bestmögliche Wirkung entfalten kann.

In der Farbigkeit heben sich die Gräser und Insekten von jener der bunten Blumenmalerei eindeutig ab. Ihre Harmonie untereinander muß aber nicht unbedingt im absoluten Kontrast zu den Blumen stehen. Daß es auch Möglichkeiten gibt, wie sich beide Dekors ergänzen können, zeigen die Beispiele auf den Seiten 32, 60, 63–70.

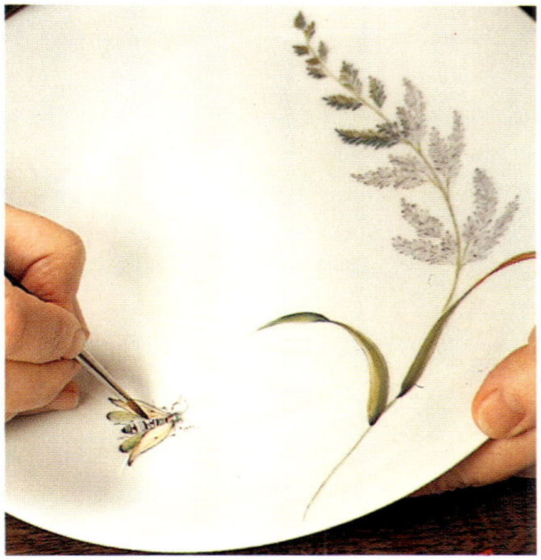

**15 Ein ähnlich schön geschwungenes Gräsermotiv ist bereits in wesentlichen Zügen auf diesem Teller angelegt. Nun kommt noch ein zarter Falter in Pastelltönen hinzu.**

16 Ob Trespen- (links) oder Rispengras (rechts): Die Formen sind so vielfältig, man muß kein Botaniker sein, um aus diesem reichen Sortiment traumhafte Arrangements zusammenzustellen.

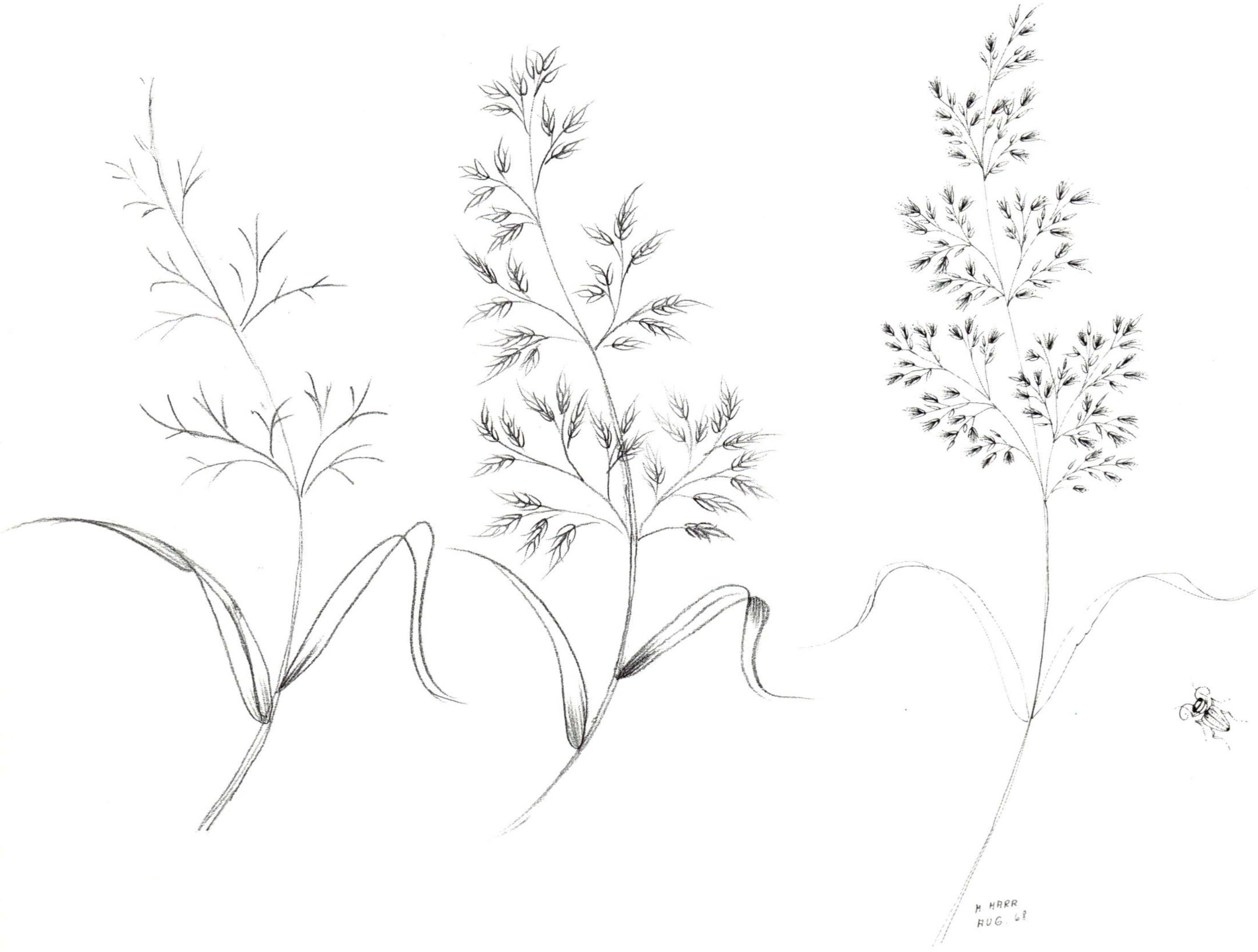

Machen Sie sich die Mühe, anhand eigener Naturstudien diese so einfach scheinenden Pflanzen einmal näher kennenzulernen. Es macht viel Freude, beim Skizzieren, Nachzeichnen und Variieren mit Farben, deren Eleganz und Feinheit zu entdecken: Ihr Auge für natürliche Formen und Ihre ganze Wahrnehmung werden dadurch geschärft.
Noch vielfältiger in den Variationsmöglichkeiten ist der Mikrokosmos der Schmetterlinge, Käfer und Libellen, die in ihren oft leuchtenden Farben die Wirkung der Gräser optimal ergänzen. Haben Sie erst einmal mit dieser Art der Malerei begonnen, wird Sie deren Faszination bald völlig gefangennehmen, und Sie werden die Insekten- und Gräserwelt der Natur bald mit gänzlich anderen Augen betrachten.
Im großen Reich der belebten Natur gibt es neben den Insekten und Faltern keine andere Tierklasse, die eine so überwältigend große Artenfülle besitzt und so zauberhaft schöne wie groteske Formen und Farben hervorgebracht hat. Die Abbildungen 61 bis 68 zeigen Ihnen viele Beispiele auf.

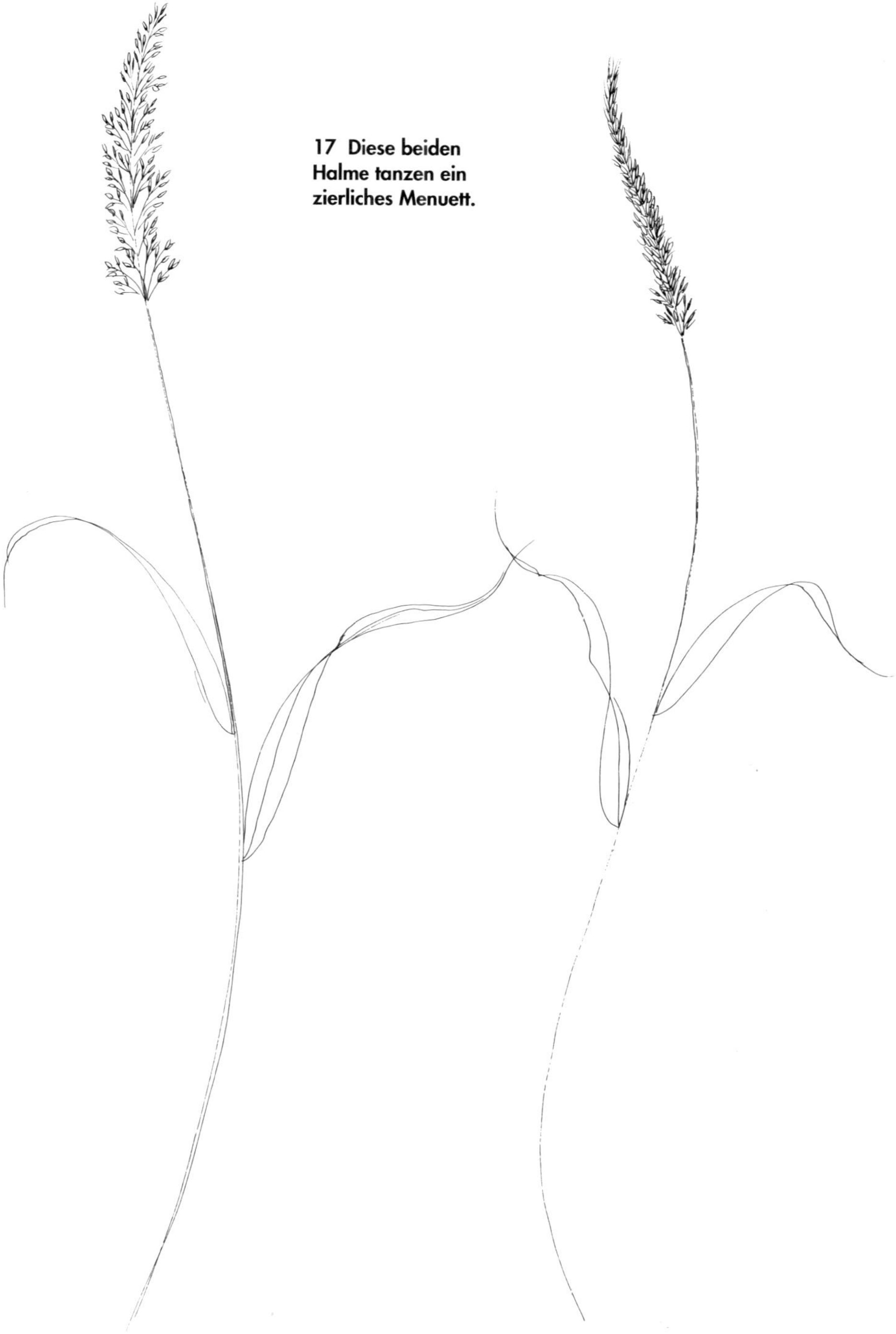

**17 Diese beiden Halme tanzen ein zierliches Menuett.**

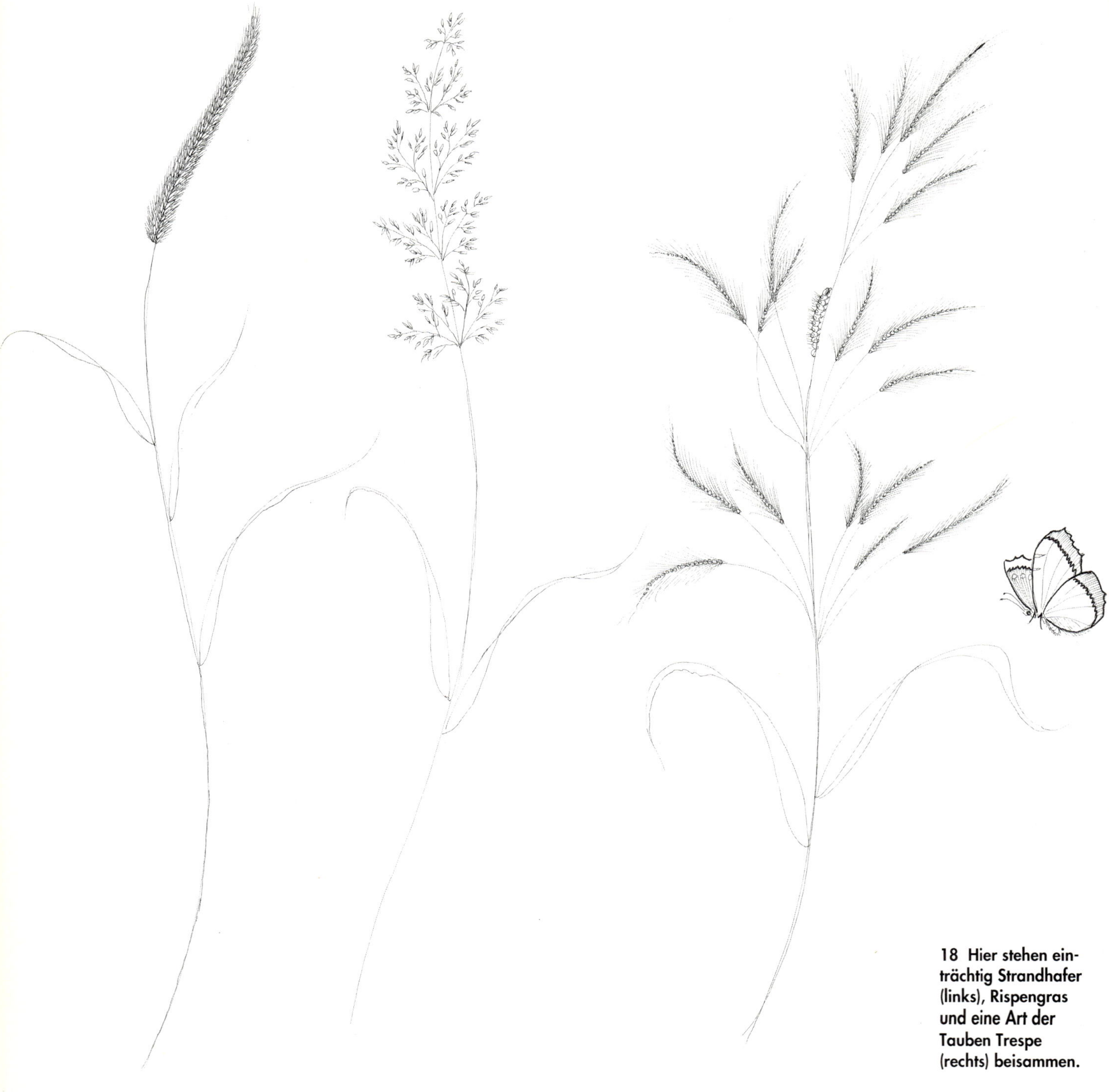

18 Hier stehen einträchtig Strandhafer (links), Rispengras und eine Art der Tauben Trespe (rechts) beisammen.

19 **Schmetterlinge sind wegen ihrer Symmetrie leicht aufzuzeichnen.**

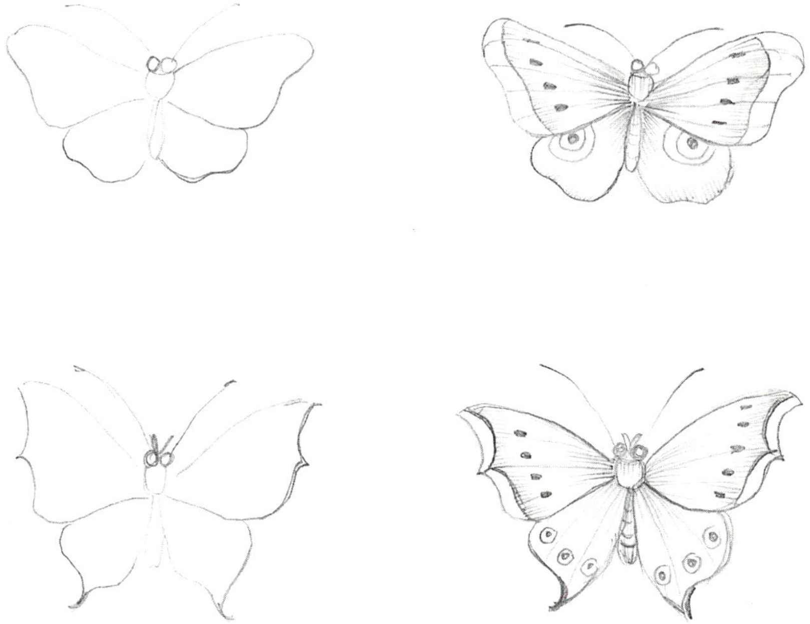

Sie sollten zunächst auf einem Skizzenblock mit gespitztem Bleistift oder Feder eifrig üben, bevor Sie mit der Porzellanmalerei beginnen. Anfänglich könnte die Tatsache einige Schwierigkeiten mit sich bringen, daß beide Hälften der Falter und Insekten gleich groß sind.
Gelingen Ihnen die Proportionen zunächst nicht so, wie gewünscht, pausen Sie das Motiv mit Pauspapier und unter Verwendung des Allstabilo-Stiftes durch. Kehren Sie die Pause um und fahren Sie mit einem spitzen Stift die Konturen nach, so haben Sie einen beidseitig gleichen Falter beziehungsweise gleiche Insektenflügel (siehe Abbildungen 19 und 34). Nun lassen sich die weiteren Zeichnungen mit viel weniger Mühe einbringen. Mit der Zeit und viel Übung gelingt Ihnen die Falter- und Insektenmalerei schließlich ganz ohne Pause.

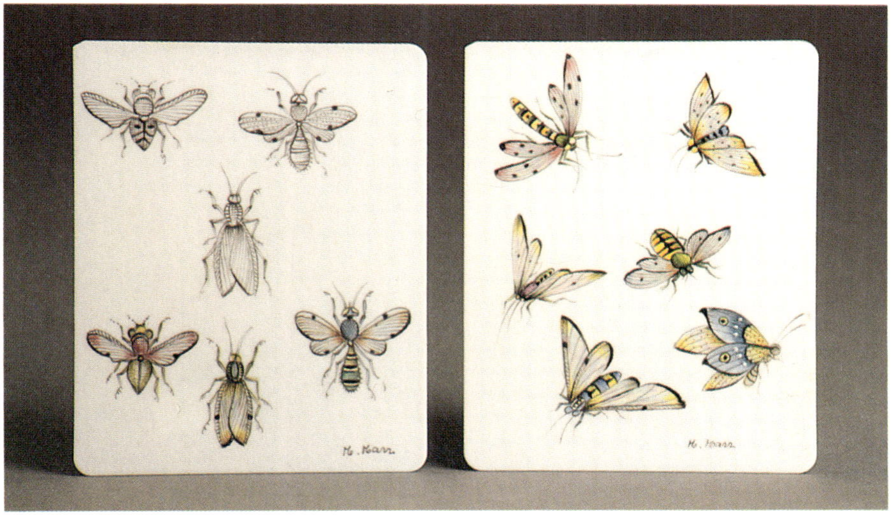

20 **Auf dem linken Probeplättchen sehen Sie oben drei erst mit der Feder ausgezogene, das heißt angelegte Insekten – wogegen alle übrigen bereits farbig koloriert wurden.**

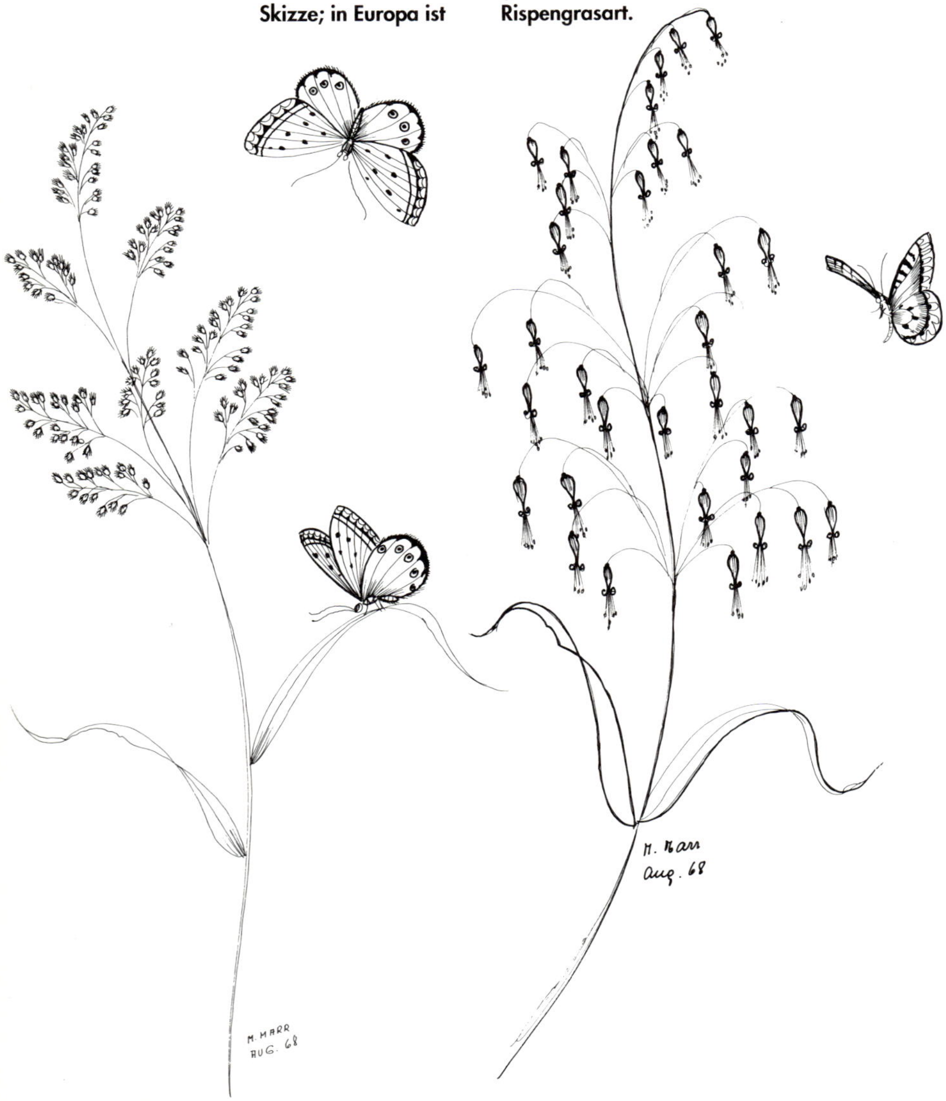


**21 Wie ein kleines Bäumchen, behangen mit Schleifen, wirkt das Gras rechts in der Skizze; in Europa ist es allerdings nicht anzutreffen, ist vielleicht sogar ein Phantasiegebilde. Links eine Rispengrasart.**

Gehen Sie an diese Art der Malerei mit viel Begeisterung, aber auch Geduld heran, und die Arbeiten werden Ihnen großen Spaß und Freude bereiten. Sie sind überdies eine willkommene Abwechslung zu den sonst verwendeten Blumendekors. Neben den Anregungen, die uns die Natur bietet, kann man mit Phantasie und freier Erfindung noch viele weitere Möglichkeiten ausprobieren: Die mit Iris-Lüsterfarbe gemalten Flügel mancher Insekten wie Fliegen oder Bienen schillern so prächtig wie in der Natur, dreht man das bemalte Objekt in den Händen hin und her. Mit den folgenden Beispielen und Beschreibungen will ich versuchen, zunächst die einfache Technik der Bemalung zu veranschaulichen, worauf Sie sich mit einiger Übung der komplizierteren Technik zuwenden können. Und nun viel Vergnügen und Erfolg bei Ihrer Arbeit!

22 Einem wahren Ansturm von Libellen und anderen Insekten sieht sich dieses Seggengras gegenüber.

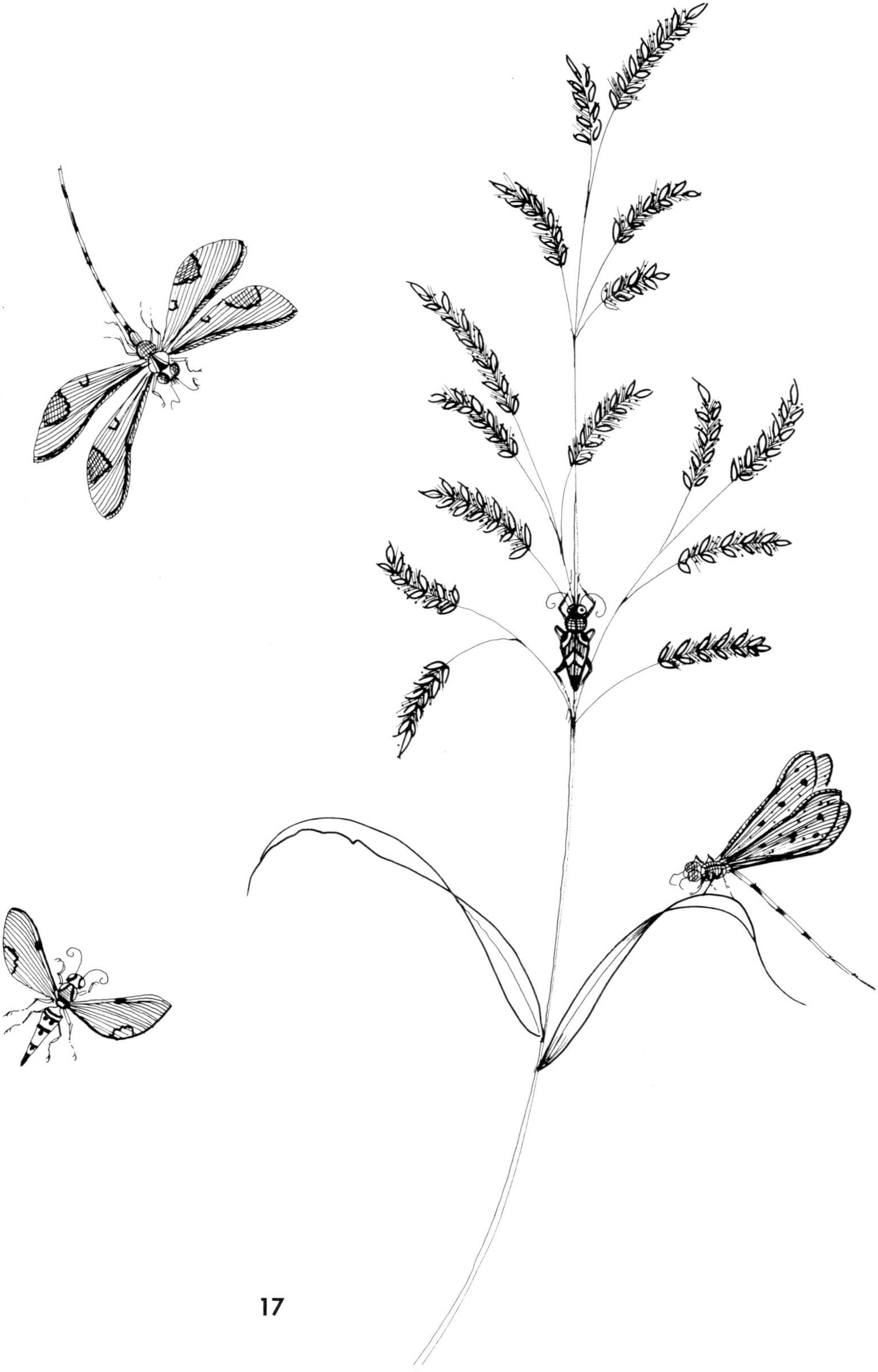

## DIE EINFACHE ART DER GRÄSER- UND INSEKTENMALEREI

Vor dem Bemalen ist der zu dekorierende Gegenstand gründlich von Staub und Fettresten zu befreien – es versteht sich wohl von selbst, daß jegliche Aufzeichnung von Gräsern auf das mit Spiritus gereinigte Porzellan erfolgt!
Alle Gräser, Falter, Käfer, Libellen und sonstige Details sollten Sie mit dem Allstabilo-Stift erst einmal grob vorzeichnen. Einzelheiten erübrigen sich zunächst, da später ja die ganze Zeichnung mit der Tuschfeder und schwarzer Farbe genau ausgezeichnet wird.

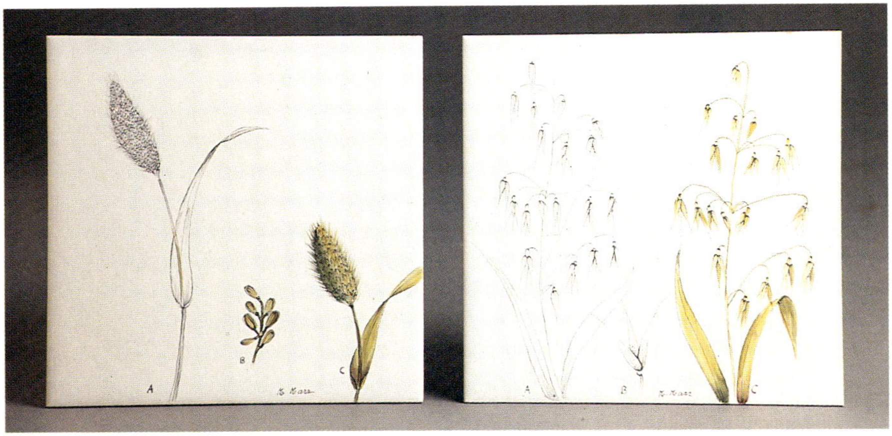

**23 Auf diesen beiden Probeplättchen sehen Sie deutlich links das mit der Feder vorgezeichnete Gras (Hirseart), daneben das fertig kolorierte Gras. In der Mitte wurde zur Verdeutlichung eine einzelne Rispe größer gemalt. Auf dem rechten Plättchen eine Haferart.**

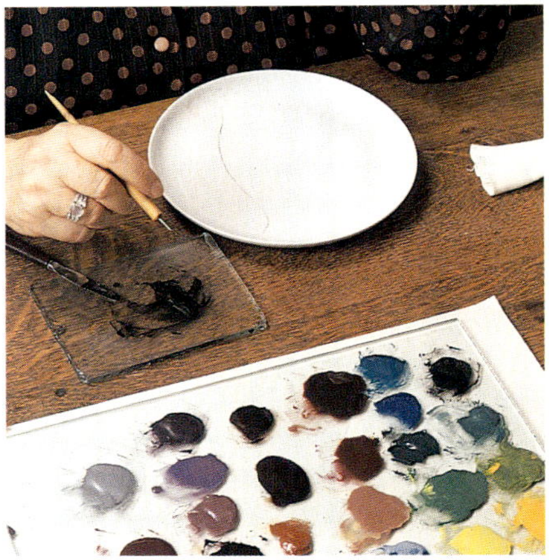

**24 Die erste Hauptlinie wird nun mit der Feder auf den Teller gezeichnet.**

25 **Die Seiten-Verzweigungen des Grases werden aufgezeichnet ...,**

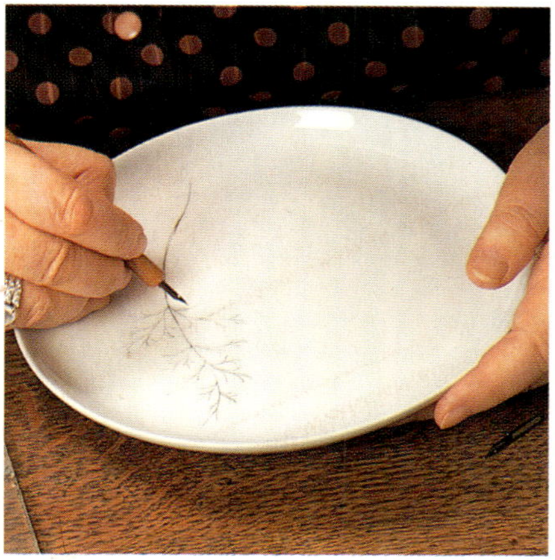

**28 Nun werden noch die feinen Rispen eingebracht, und schon ist das Stück fertig zum ersten Brand.**

**29 Das Insekt wird mit der Feder aufgezeichnet.**

## Vorarbeiten

Zum Üben der Insekten-Zeichnungen ist es in jedem Fall vorteilhaft, mit feinem Faserschreiber oder mit der Tuschfeder viele Vorskizzen in einem Skizzenbuch zu machen und danach die farbige Umsetzung etwa auf kleinen Porzellanplättchen, die überall im Fachhandel erhältlich sind, zu testen:
Zum einen erhalten Sie dadurch eine vielfältige Sammlung möglicher Formen, zum anderen können Sie zahlreiche Variationen von Farbharmonien erproben, bevor Sie sich entscheiden, eine von ihnen auf einem Dekorteil genau so zu verwenden. Die Abbildungen 61 bis 68 werden bestimmt manche Anregung geben.

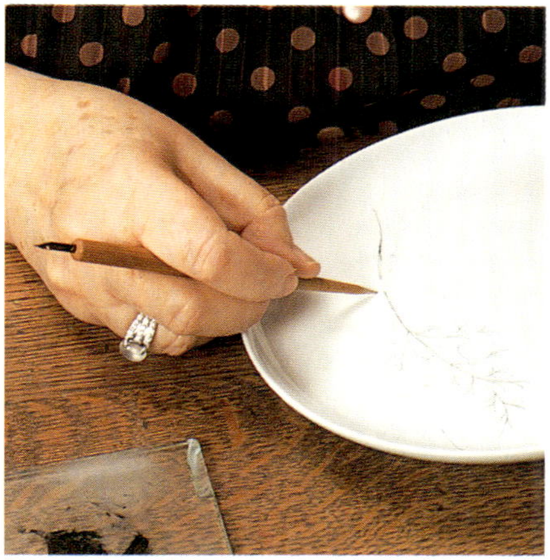

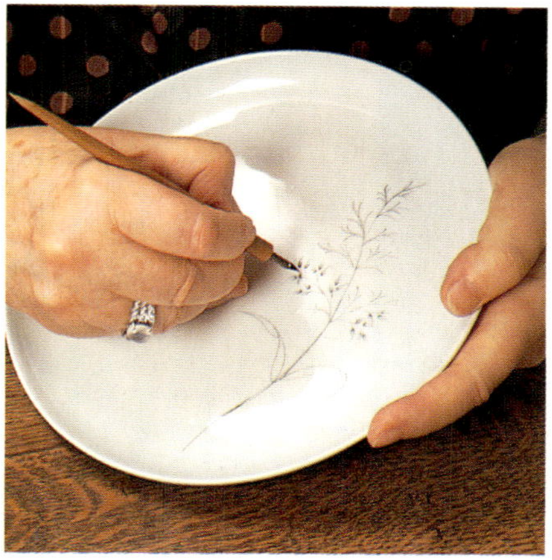

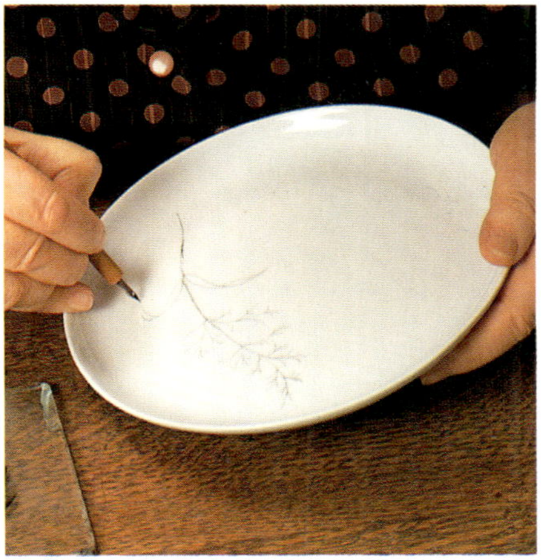

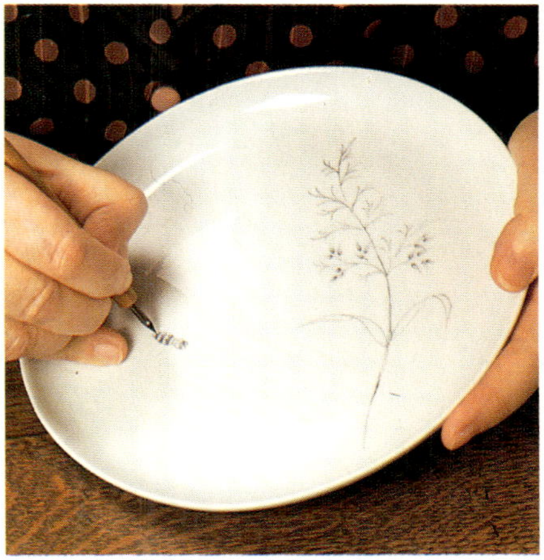

**26 ...anschließend wird mit dem Federstiel der Haupthalm etwa auf einer Länge von 5 mm herausgeputzt ...,**

**27 ... damit man an dieser Stelle die Blätter einsetzen kann.**

30 Gräserbouquet auf einem Kuchenteller, kombiniert mit zwei Insekten, als Tuschzeichnung angelegt.

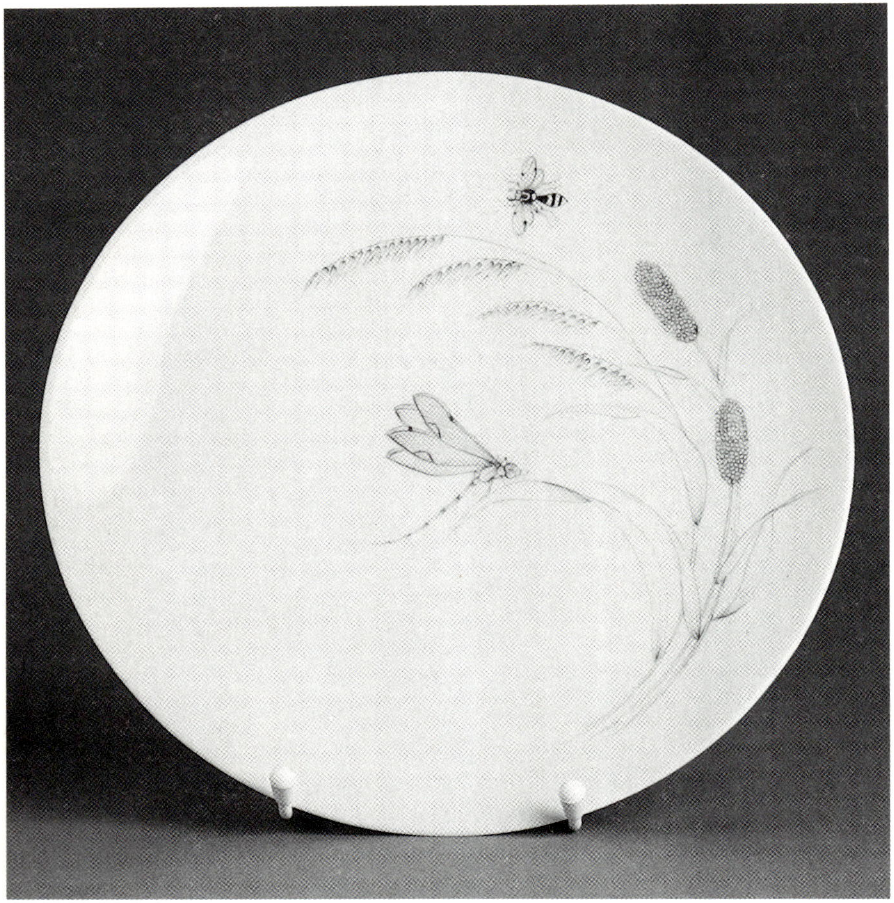

31 Hier kann man den Werdegang der kleinen Wespe besonders gut verfolgen.

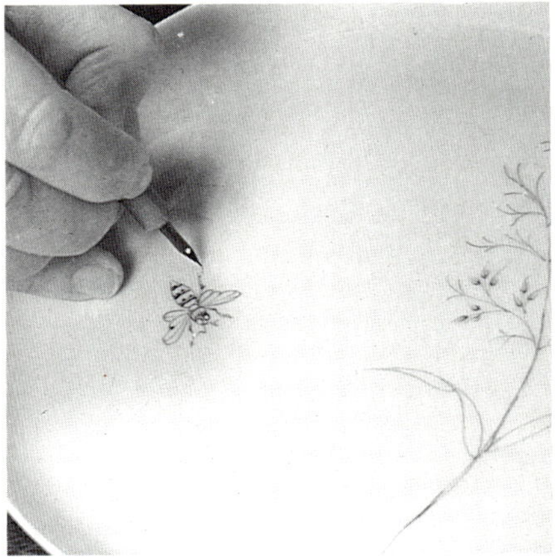

## Die Maltechnik

Hauptansatzpunkt bei dieser einfachen Maltechnik ist eine Vorgehensweise, bei der *zuerst* die Konturen der Gräser und Insekten mit der Tuschfeder aufgebracht werden. Nun erfolgt bereits *der erste Brand. Danach* werden die Farben mit dem Pinsel angelegt und in der Folge eingebrannt.

Bei der anspruchsvollen Maltechnik, die ich Ihnen auf Seite 26 vorstellen will, laufen die beiden Hauptarbeitsgänge, das Malen und das Konturieren, genau in umgekehrter Reihenfolge ab:

32 Nichts wird an Ihrer schönen Kaffeetafel Ihre Gäste mehr beeindrucken als ein Service, das durch die Sorgfalt bei der Auswahl und künstlerischen Ausführung mit immer wieder variierten Dekoren besticht.

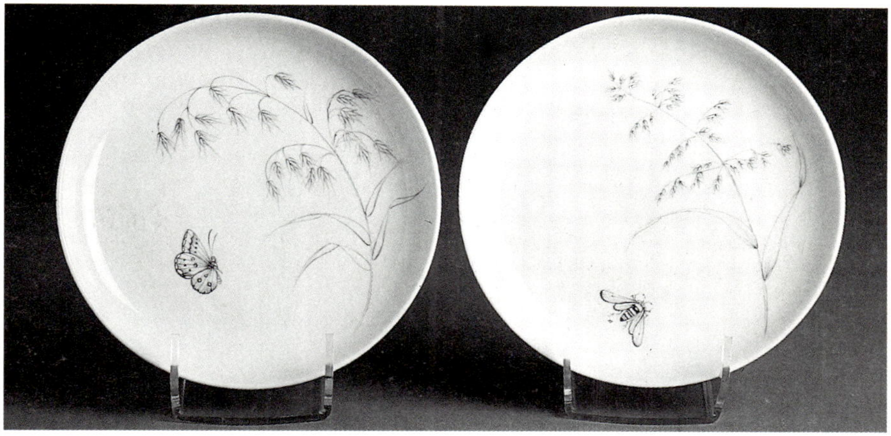

Die Farben werden zuerst vorgegeben, und mit der Feder werden die Feinheiten der Zeichnung in besonders differenzierter Form hervorgehoben - dadurch entfaltet sich der ganze Charme eines Designs.

**Mein Tip:**
Damit Ihnen beim Konturieren der Gräser- und Insektenzeichnung mit der Tuschfeder die Farbe gut aus der Feder läuft, sollten Sie der mit Dicköl und Terpentin ganz normal angemachten Porzellan-Pulverfarbe noch 1 bis 2 Tropfen Nelkenöl beimischen. Nun läßt sich sicherlich ganz leicht ein exakter schwarzer, feiner Strich ziehen.
Ist Ihre Zeichnung dann mit allen Einzelheiten schwarz ausgezogen (vergleiche die Abbildungen 25 bis 33), kann das Porzellan bei 820 Grad Celsius gebrannt werden *(erster Brand)*.

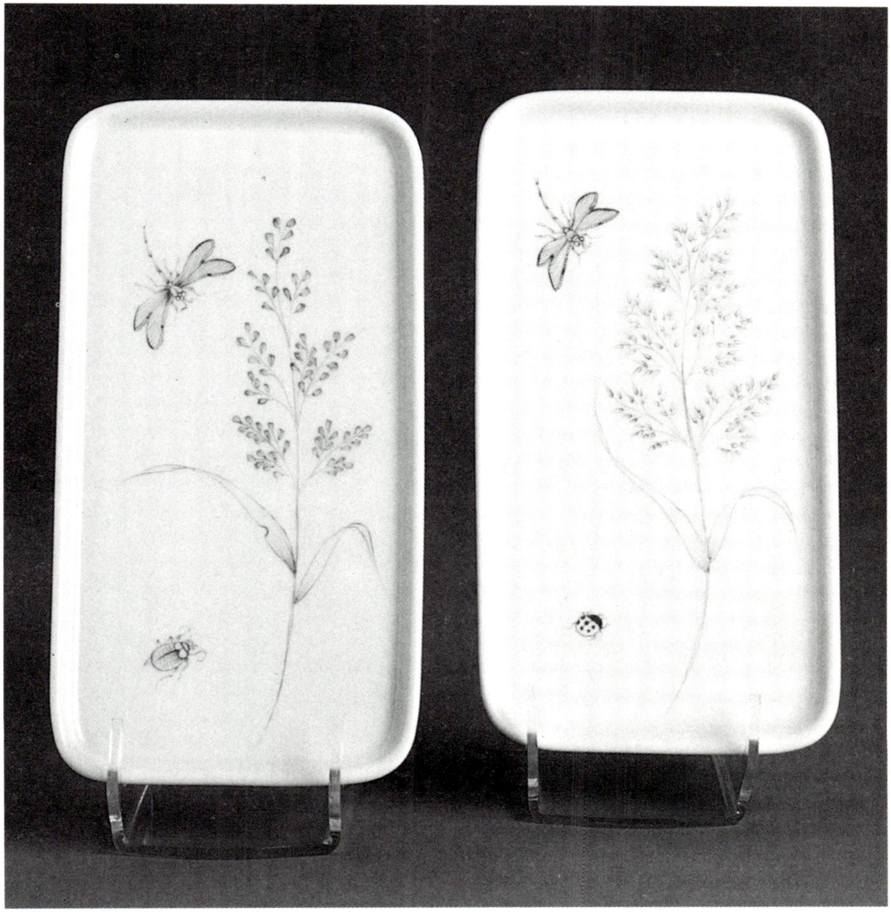

33 Zwei Kuchenplatten dürfen natürlich nicht fehlen: sie bieten genügend Platz auch zur Gestaltung eines besonders üppigen Motivs.

34 Die Wirkung der zarten Kolorierung sehen Sie am Beispiel der Schmetterlinge besonders gut; zu Insekten passen hervorragend blaue und gelbe Töne.

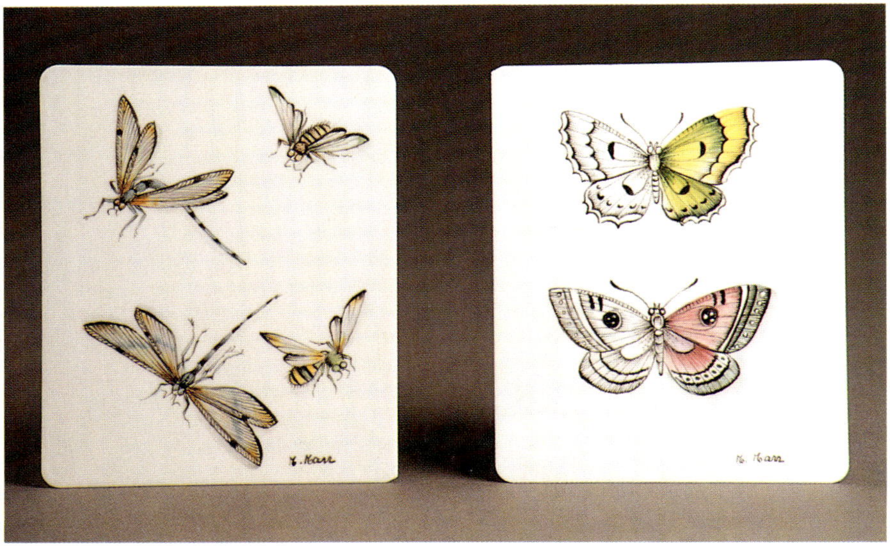

## Das Kolorieren

Nach dem Brand werden jetzt die Gräser in den verschiedensten Grüntönen, vom hellsten bis zum dunkelsten Grün, koloriert. Dies geschieht am besten mit Hilfe des kurzen Pinsels (Nr. 4). Selbstverständlich werden Sie, wenn Sie schon einige Versuche damit erfolgreich durchgeführt haben, im Verlauf Ihrer malerischen Weiterentwicklung noch zu ganz anderen Auftragsmethoden finden.

Die Käfer, Bienen, Libellen und Falter können Sie entweder bunt kolorieren, wie dies auf den Abbildungen 61 bis 68 gezeigt wird. Sie können sie aber auch ganz nach Ihrer Phantasie farblich variieren.

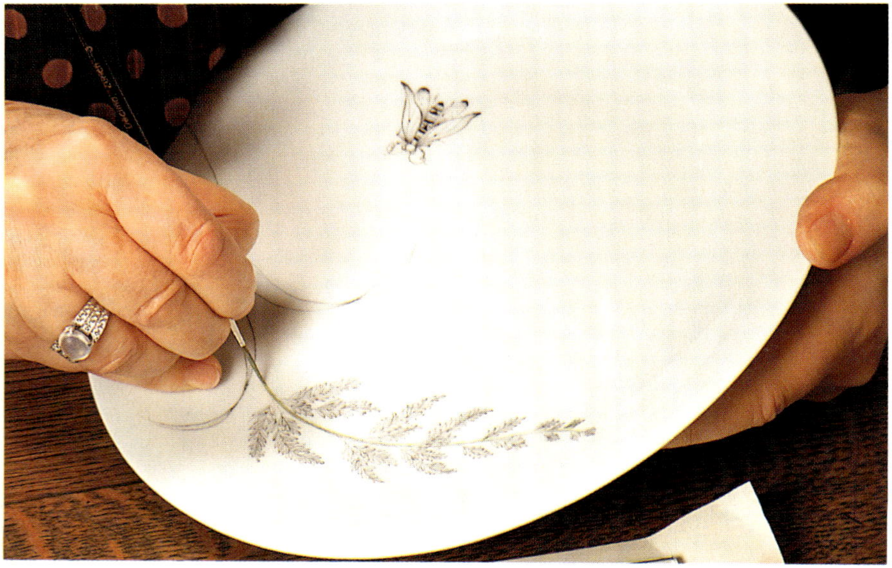

35 Das Kolorieren des Gräserstiels erfolgt mit dem langen Pinsel Nr. 2.

Der *zweite Brand* (Farbeinbrand) hat die Brenntemperatur von 820 Grad Celsius. Sollten Sie nachfolgend noch Goldarbeit - Ranken und Kanten in Matt- und Glanzgold, aber auch Silber als interessanter Kontrast zu eher kühlen Farben - beabsichtigen, wird ein *dritter Brand* mit einer Brenntemperatur von 760 Grad nötig.

**Mein Tip:**
Da nicht in jedem Fall die naturgetreue Wiedergabe aller kleinen Lebewesen in einem Dekor angestrebt werden soll, vielmehr die dekorative Wirkung im Vordergrund steht, sollten Sie nicht zu starke Farbtöne wählen, sondern eher die Pastelltöne bevorzugen. Nach Beendigung der Farbanlage ist es manchmal ganz gut, nochmals den Federhalter in die Hand zu nehmen und winzige Einzelheiten in Schwarz noch einzufügen (Schatten, Fünktchen und andere Details). Das ergibt oft besonders reizvolle zusätzliche Effekte. Gebrannt wird beides im Farbbrand von 820 Grad Celsius.

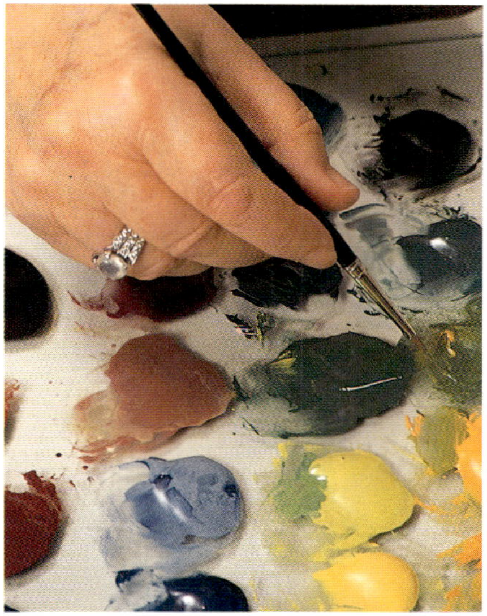

**36 Für die Rispen wird eine hellgrüne Blattfarbe aus Mittelgrün und Chromgelb ermischt …**

**37 …und mit dem Pinsel in die Zeichnung eingebracht. Deutlich zu erkennen sind die verschiedenen Grün-Gelb-Farbschattierungen.**

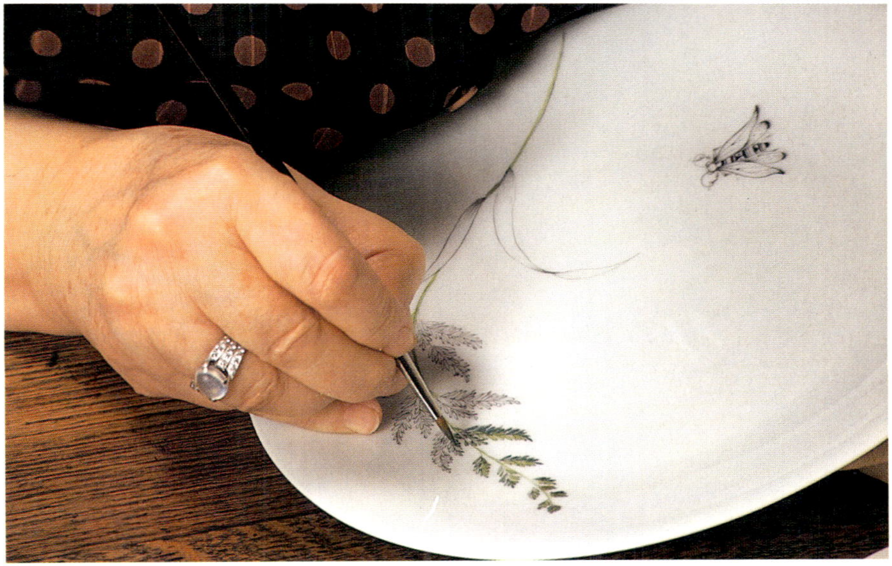

38 Die Blätter werden nun ausgemalt: Über Hellgrün kommt ein Dunkelgrün ...,

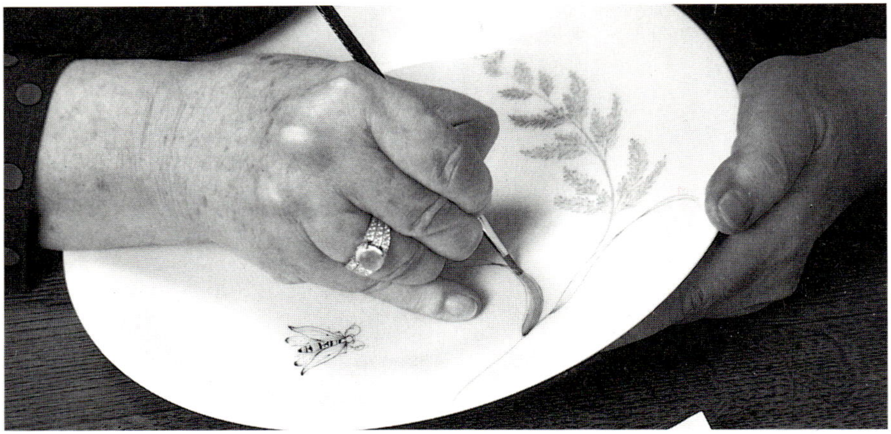

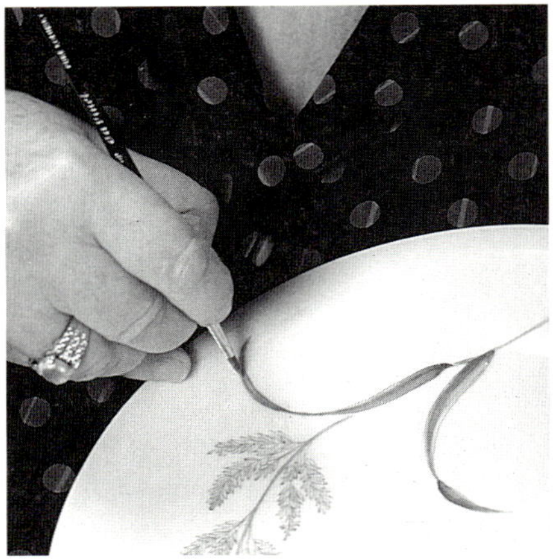

40 ...und ein weiterer Umschlag des oberen Blattes in Rotbraun steigert noch diese Plastizität.

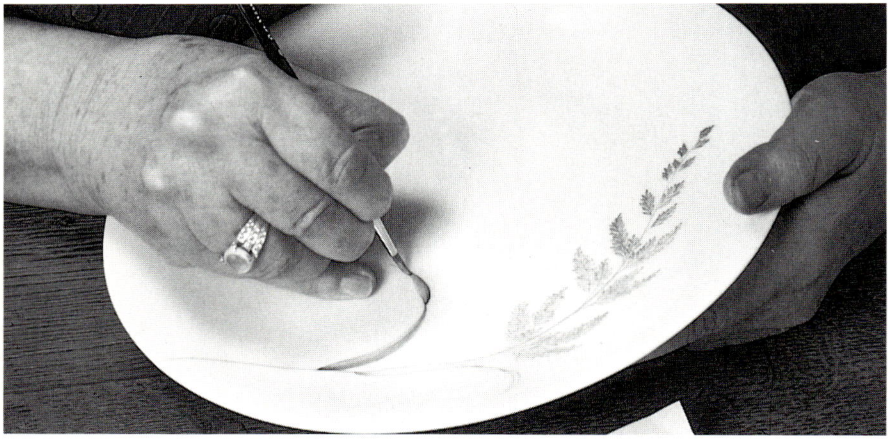

39 ...durch den Umschlag des Blattes entsteht dessen plastische Wirkung ...

42 Rotbraun ist auch ein wichtiger Farbaspekt in den Gräserrispen.

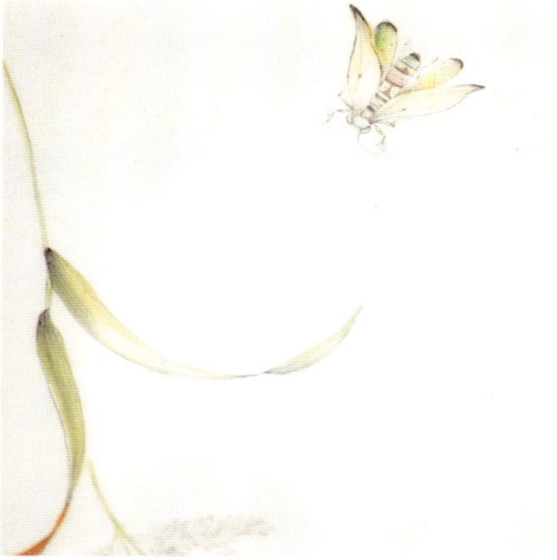

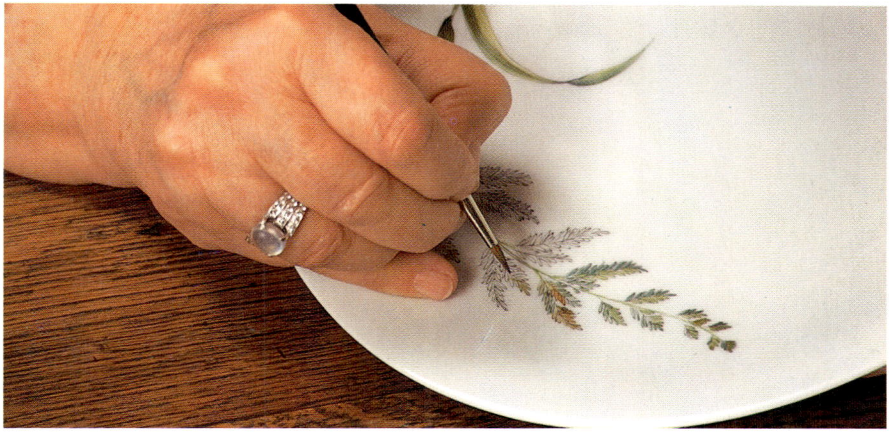

41 Dieser Ausschnitt zeigt deutlich das Übereinanderlegen lasurenartiger Grüntöne in den Gräserblättern.

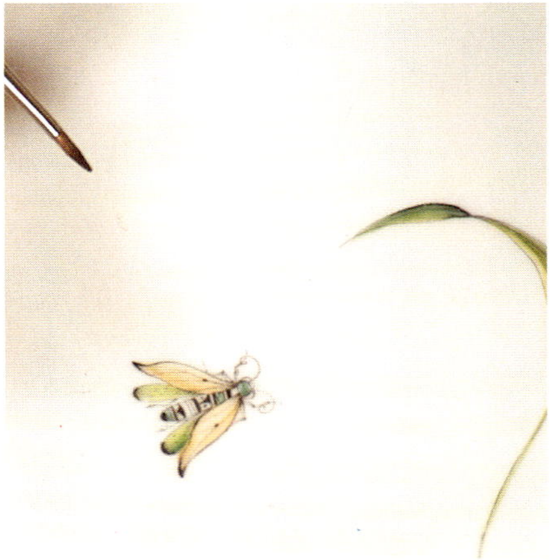

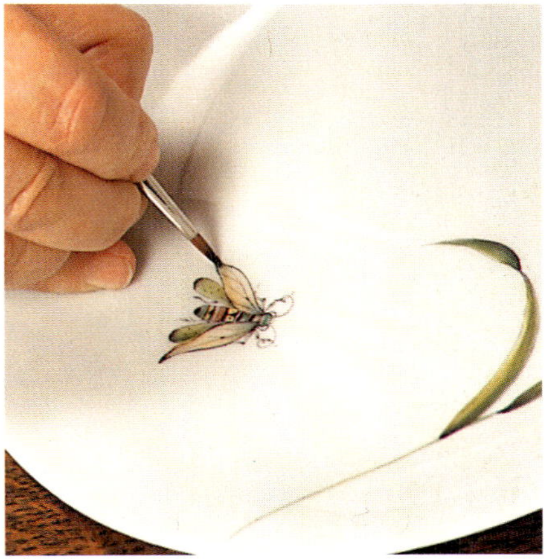

43 Beim Malen von Insekten mit durchsichtigen Flügeln werden die oberen Flügel mit Irislüster ...,

44 ...der Körper und die unteren Flügel in zarten Farben gemalt.

45 Zunächst wird das »Gerippe« des Grashalms mit dem Allstabilo-Stift vorgezeichnet.

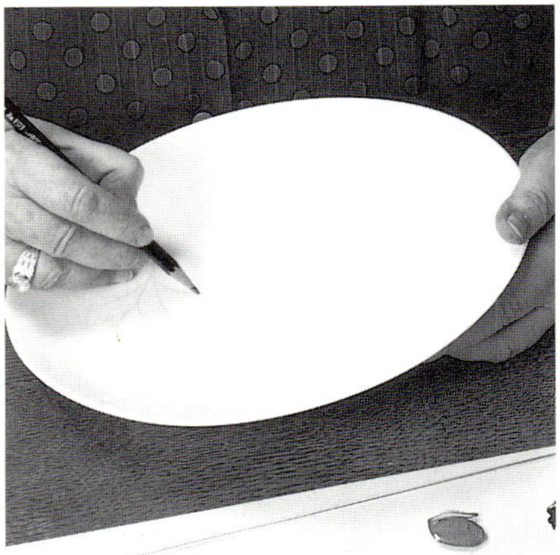

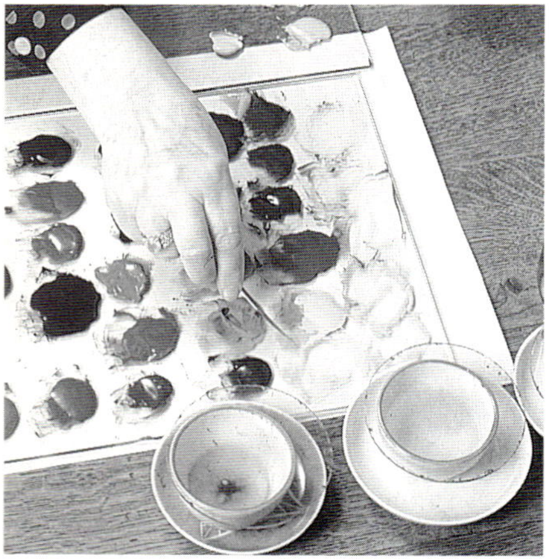

46 Bevor Sie den Pinsel in die Hand nehmen, sind alle Farben mit der Spachtel gut aufzurühren und auf eine saubere Glaspalette zu bringen. Nur so können die Farben ihre ganze Leuchtkraft entfalten, werden Sie mit Ihrer Arbeit voll zufrieden sein.

## DIE ANSPRUCHSVOLLE MALEREI VON GRÄSERN, INSEKTEN UND SCHMETTERLINGEN

Zunächst werden wieder die Gräser mit verschiedenen Grüntönen angelegt. Mit der Zeit werden Sie sicher auch etwas mehr differenzieren wollen und vielleicht auch einmal einen zarten Roséton, einen Hauch von Karminrot oder Purpurviolett einbringen. Die Farben lassen sich sehr leicht miteinander mischen, aber auch beim Auftrag der Farben auf das Porzellan selbst ergeben sich reizvolle Effekte (vergleiche dazu die Abbildungen 51 und 52).
Mit den Farben Eigelb und Chromgelb lassen sich helle Grüntöne gut ermischen; immer wieder ergibt sich ein anderer Grundeffekt, so daß farblich viel Abwechslung in die Gräser gebracht wird (s. Abb. 46 und 47).

### Die Anlage

Zeichnen Sie die Stiele und Blätter der Gräser mit dem feinen, langen Pinsel (Nr. 2) in hellgrüner Farbe und legen Sie die Blattrispen in dunklerem Grün mit dem kurzen Pinsel (Nr. 4) an.
Mit einem Allstabilo-Stift geben Sie sich nun die Umrisse Ihrer gewünschten Insekten an und putzen anschließend mit einem Wattestäbchen den innerhalb der Konturen lie-

47 Das Aufnehmen der Farbe mit dem Pinsel.

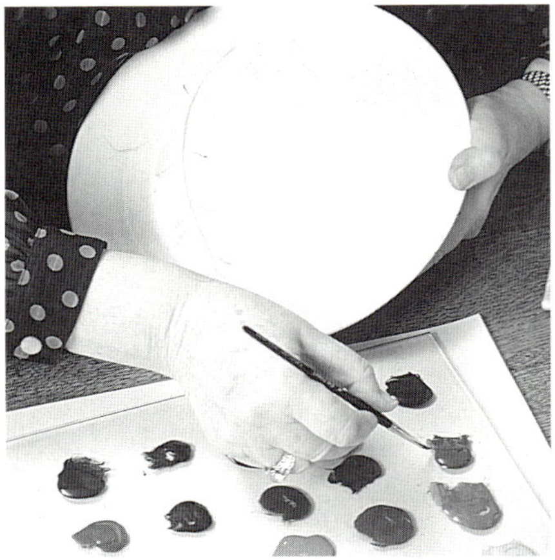

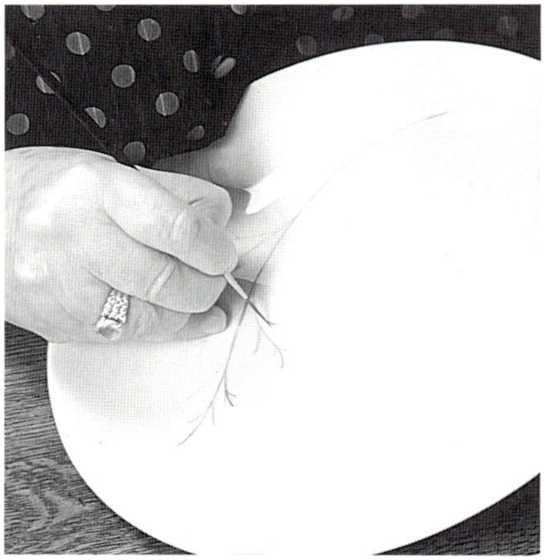

48 Die feinen Grasstiele werden mit dem langen Pinsel Nr. 2 gemalt.

genden »Körper« der Insekten sorgfältig heraus.
Die Konturen der kleinen Lebewesen werden mit schwarzer Farbe mit der Tuschfeder nun sehr sorgfältig nochmals nachgezogen – möglichst exakt und fein. Denn vergessen Sie nicht, daß nur diese Kontur nach dem Brand übrigbleibt, die Umrisse des Allstabilo-Stiftes brennen gänzlich weg.
Ihr Stück ist jetzt bereit zum *ersten Brand*, der mit einer Temperatur von 820 Grad Celsius erfolgt.

## Der Farbfond

Bei Dekoren mit einer gewissen Dichte der Gräser sieht es oft harmonischer aus, wenn das Porzellan nicht gänzlich weiß bleibt. Der zweite Arbeitsschritt umfaßt daher zwei Arbeitsgänge: Mit Hilfe eines Schaumgummi-Stupfers wird über das Gräser-Bouquet ein feiner grüner Fond gestupft – auch über die Insekten, deren Körper natürlich darauf wieder mit Hilfe des Wattestäbchens sauber ausgeputzt werden müssen. Es erfolgt der *zweite Brand*, wiederum bei 820 Grad Celsius. Nach dem Brand sind allein die Insekten rein weiß geblieben und werden darauf

**49 Das Anbringen der Ährchen geschieht nun mit dem kurzen Pinsel Nr. 4.**

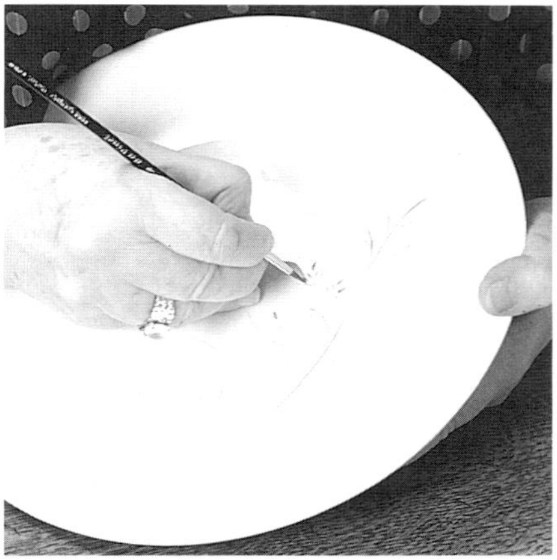

**51/52 Auch zum Malen der Gräserblätter nehmen Sie den Pinsel Nr. 4.**

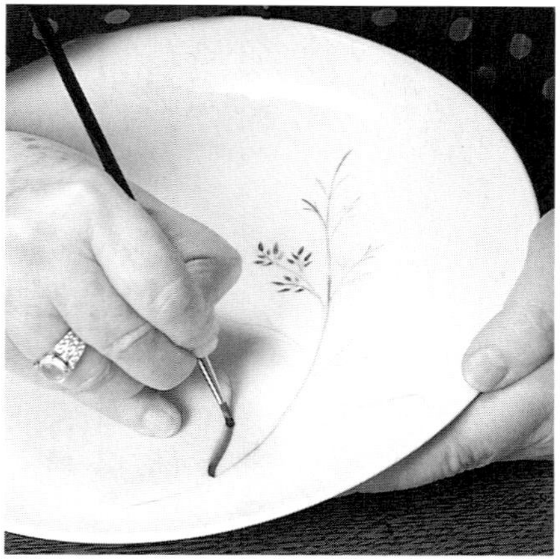

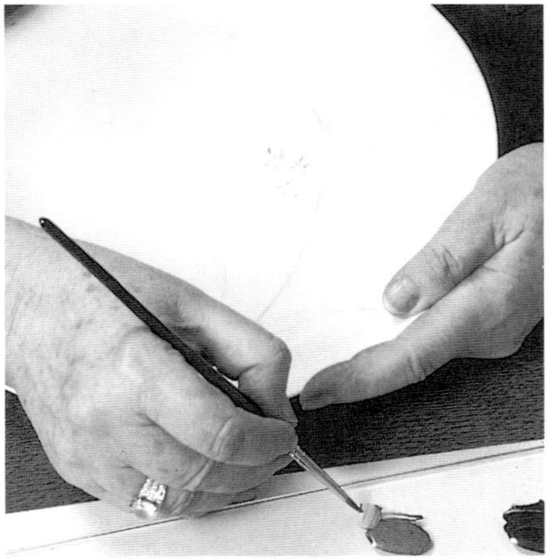

**50 Durch Mischen der Farben (von Hell nach Dunkel) erreichen Sie immer neue Töne, mit denen Sie auch dunkel schattieren können.**

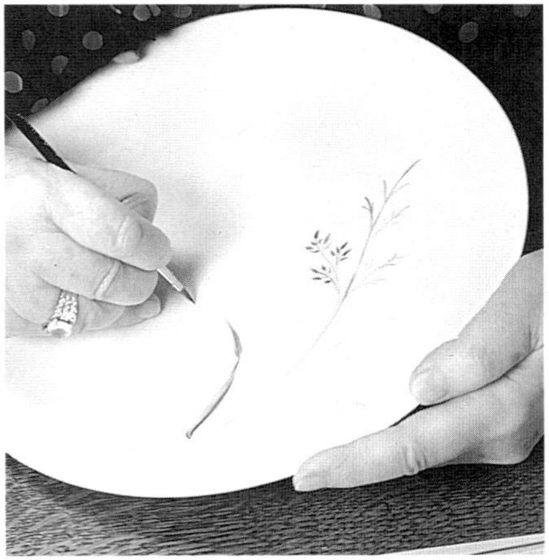

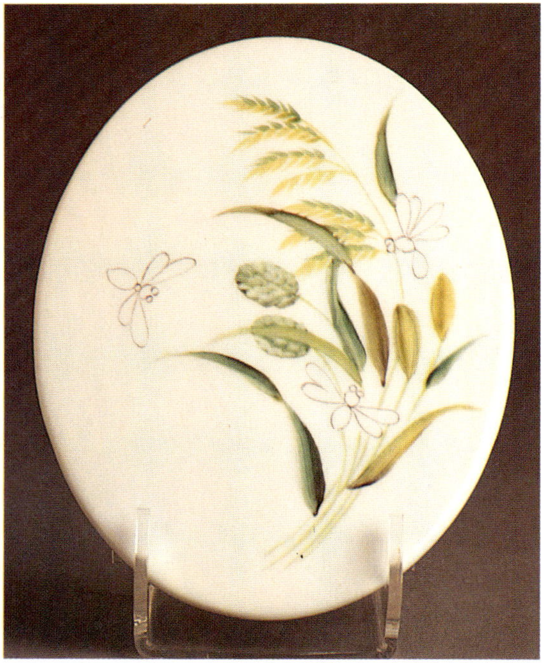

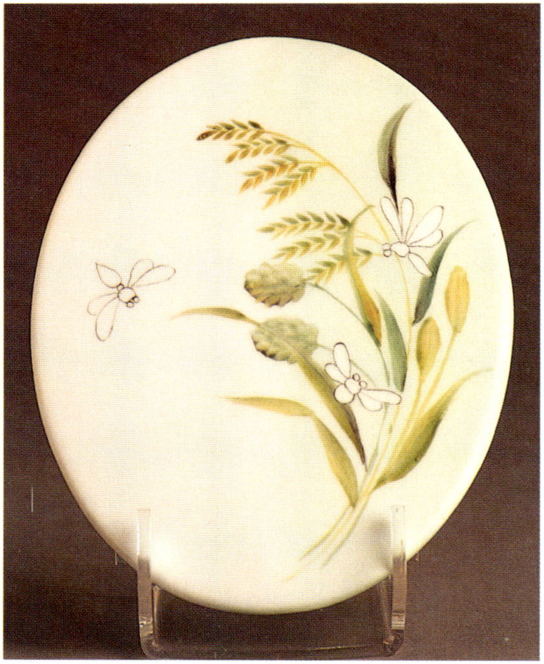

53 Die hier vorgestellten Platten mit ähnlichen Motiven und farblich variierten Gräsern zeigen deutlich die einzelnen Arbeitsfolgen. Erster Arbeitsschritt: Die Gräser sind bereits farbig angelegt, die Insekten jedoch erst umrißmäßig festgelegt.

54 Zweiter Arbeitsschritt: Über die eingebrannten Gräser und Insekten wird ein hellgrüner Fond gelegt, der von rechts nach links zart ins Helle verläuft. Die Körper der Insekten werden sorgfältig herausgeputzt, und es erfolgt der zweite Brand.

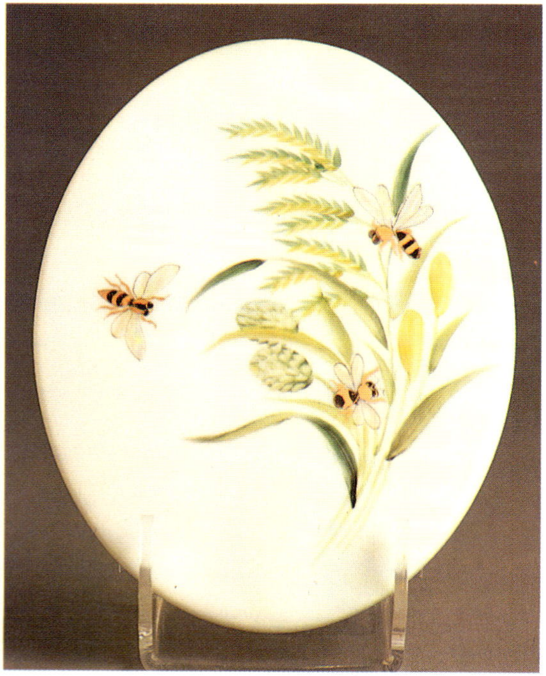

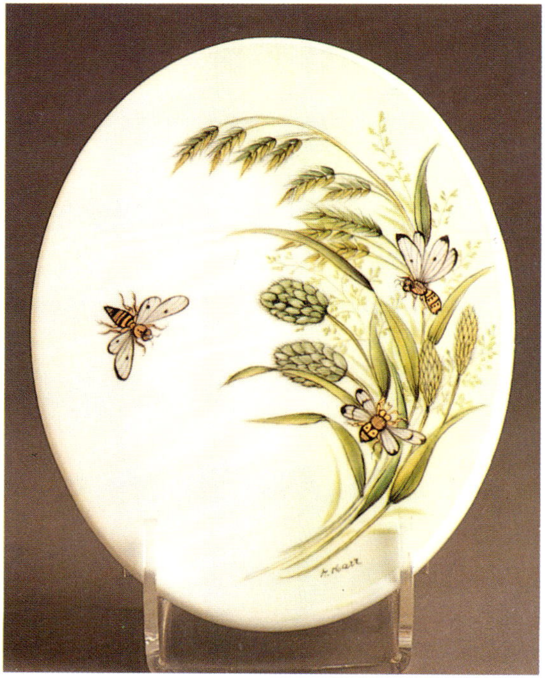

55 Dritter Arbeitsschritt: Die Insekten werden mit Glanz- und Poliergold ausgemalt, ihre Flügel mit Irislüster ausgefüllt. Es wird zum dritten Mal gebrannt.

56 Vierter Arbeitsschritt: Die Gräser werden mit dunklem Grün fein schattiert und die Insekten mit der Zeichenfeder schwarz ausgezeichnet – dann der Abschlußbrand.

**57 An den beiden Fliesen läßt sich ganz deutlich der Unterschied zwischen der Farbanlage (jeweils A) und der Auszeichnung mit der Feder in dunkelgrüner Farbe (jeweils B) ausmachen.**

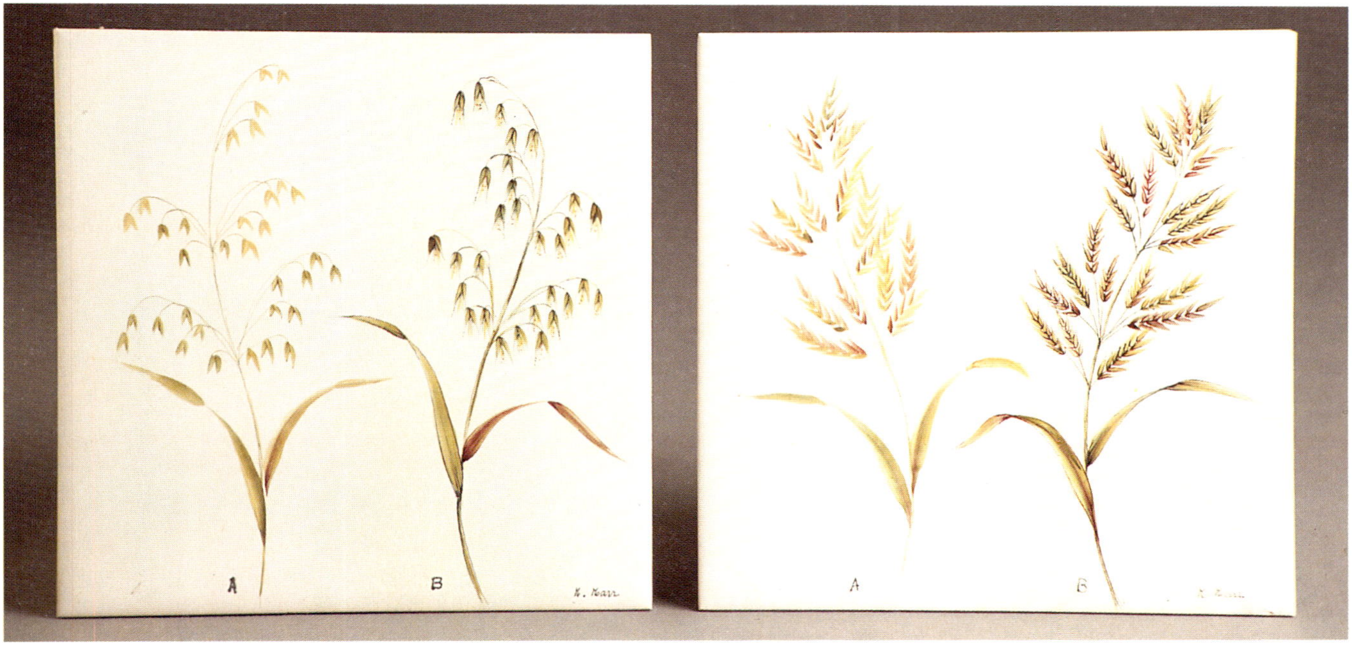


wie folgt bemalt: Die Flügel werden mit Irislüster übermalt, dessen Effekte Sie besonders gut auf den Abbildungen 55 und 60 feststellen können. Körper und Beinchen der Tiere können Sie ganz frei nach Ihrer Phantasie abwechselnd mit Glanz- oder Poliergold bemalen. Poliergold muß, wie der Name schon sagt, später, das heißt nach dem letzten Brand, noch poliert werden; sein Glanz ist matter und dezenter als derjenige von Glanzgold.

**Mein Tip:**
Achten Sie beim Malen der Insekten vor allem darauf, daß Sie mit dem Glanz- und Poliergold nicht mit dem Irislüster in Berührung kommen, da diese Farben leicht ineinanderlaufen und der Lüster dann nicht den gewünschten Effekt aufweist. (Eine Beachtung der Trockenzeit der Lüsterfarbe von etwa 10 Minuten ist nicht immer die Garantie, daß dies nicht doch passieren kann!)

## Die Auszeichnung

Jetzt übernimmt die Zeichenfeder die Feinarbeit: Die Gräser werden mit dunkelgrüner Porzellanfarbe, in die ruhig etwas Schwarz gemischt werden sollte, schattiert. Auch die goldfarbenen Insekten, Bienen, Käfer, Libellen und Falter werden gleichfalls auf diese Weise akzentuiert – allerdings mit *schwarzer* Farbe. Die Abb. 56 und 57 verdeutlichen Ihnen dies auf anschaulichste Weise. Meistens werden Sie auch zuletzt

noch hier und da einige feine Gräschen neu aufmalen wollen (vergleiche Abbildung 56). Nehmen Sie dazu nochmals den kurzen Pinsel Nr. 4 zur Hand, gefüllt mit der Farbe Ihrer Wahl.
Es steht Ihnen ganz frei, Ihren Teller, Ihre Vase oder sonstiges Stück noch mit einem goldenen Rand zusätzlich zu verzieren – manche Objekte bieten sich dazu ganz besonders an (wie auf den Abbildungen 60, 65 und 68 zu sehen).
Der *dritte und letzte Brand* muß nur in einer Brennhöhe von 760 Grad Celsius ausgeführt werden; auch wenn Sie noch weitere Gräschen hinzufügen sollten, sind diese doch so fein, daß die Brandhöhe ausreicht, sie zu fixieren.
Auf den vier ovalen Musterplatten können Sie die vier verschiedenen Arbeitsgänge genau verfolgen (Abbildungen 53–56).

## BORDÜRENMALEREI – GRÄSER UND INSEKTEN IN KOMBINATION MIT BLÜMCHENDEKOREN

Diese Dekore lassen sich auf fast jeder beliebigen glatten und einfachen Porzellanform anbringen – Barockformen sollten Sie lieber nicht damit verzieren.
Nachdem Sie das Porzellanteil gewählt haben, suchen Sie sich beispielsweise ein Motiv ähnlich jenen der Abbildungen 58 und 59 aus, das Ihnen zusagt. Zeichnen Sie die grundlegende Einteilung mit dem Allstabilo-Stift vor und tragen Sie den gewünschten Farbfond oder Lüsterfarbe auf (etwa Kupferlüster wie in Abbildung 91 und 93). Brennen Sie zum ersten Mal mit 820 Grad Celsius.
Der nächste Arbeitsgang ist das Aufzeichnen der Falter und Insekten mit der Feder und schwarzer Porzellanmal-Farbe. Ihm folgt das Anlegen der Blümchen, Röschen und Veilchen (vergleiche Abbildungen 58, 91–93) mit dem Pinsel Nr. 3 und ein zweiter Brand auf 820 Grad Celsius.
Anschließend daran werden die Insekten farbig koloriert; die Blümchen werden mit Hilfe der Feder ganz fein schattiert (die Röschen mit der Farbe Purpur und die Veilchen mit Violett). Wieder wird mit 820 Grad Celsius eingebrannt.

Da feine Goldarbeit den Reiz des Dekors noch erhöht, werden Medaillons oder Ränder mit äußerst feinen, ja geradezu filigranen Goldspitzen zusätzlich geschmückt. Diese Goldarbeiten lassen sich mit der Feder ausführen (siehe dazu die Abbildungen 59, 91–95).
Sollte das Poliergold zu dickflüssig sein, fügen Sie einen bis zwei Tropfen Goldverdünner hinzu und vermischen das Ganze sehr gut. Das Gold sollte beim Aufzeichnen fast schwarz erscheinen, auf keinen Fall hellbraun (dann wäre es zu wenig konzentriert verwandt).
Wenn Sie mit Goldverzierung noch nicht so viel Erfahrung gesammelt haben, sind Vorzeichnungen auf Papier ratsam: Fehler, die man hier macht, passieren auf dem Porzellan dann nicht mehr . . .
Haben Sie anfangs eher kleine Gegenstände bemalt (Abbildung 58), werden Ihnen schon beim Üben viele weitere Variationsmöglichkeiten einfallen, die Sie sogleich ausprobieren wollen.

**58 Bordüren in Verbindung mit Blümchen, Insekten und reichen Goldarbeiten machen aus kleinen Döschen, Schälchen und Serviettenringen wirklich prächtige Unikate.**

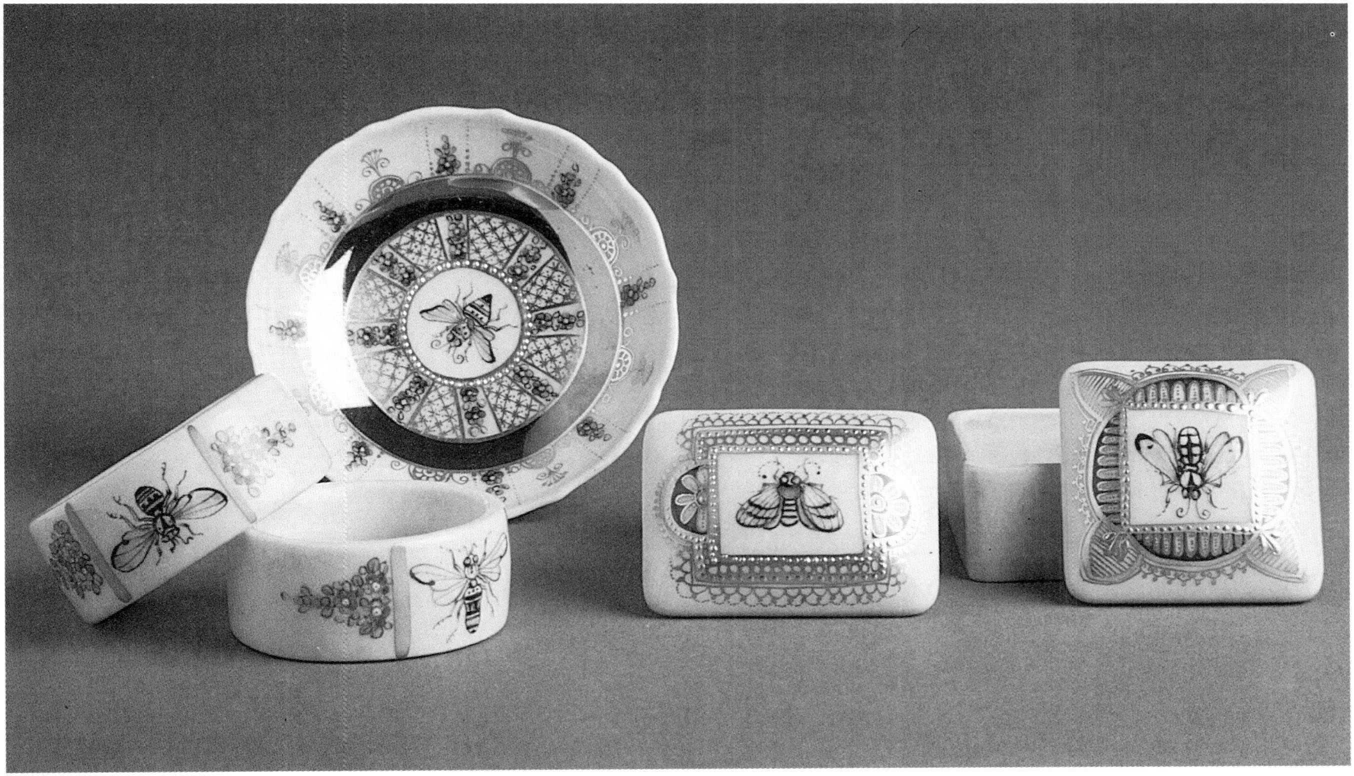

Ein Beispiel: Bilden Sie einmal anstatt eines runden Medaillons ein ovales, viereckiges oder rechteckiges aus, und schon ändern sich die Formen von Lüster oder Farbfond, müssen die Blümchen, Falter und Insekten anders angeordnet werden.

Lassen Sie Ihrer Phantasie und Kreativität die Zügel schießen, und Sie werden schon bald mit viel Fleiß zu gestalterisch ausgezeichneten Leistungen kommen.

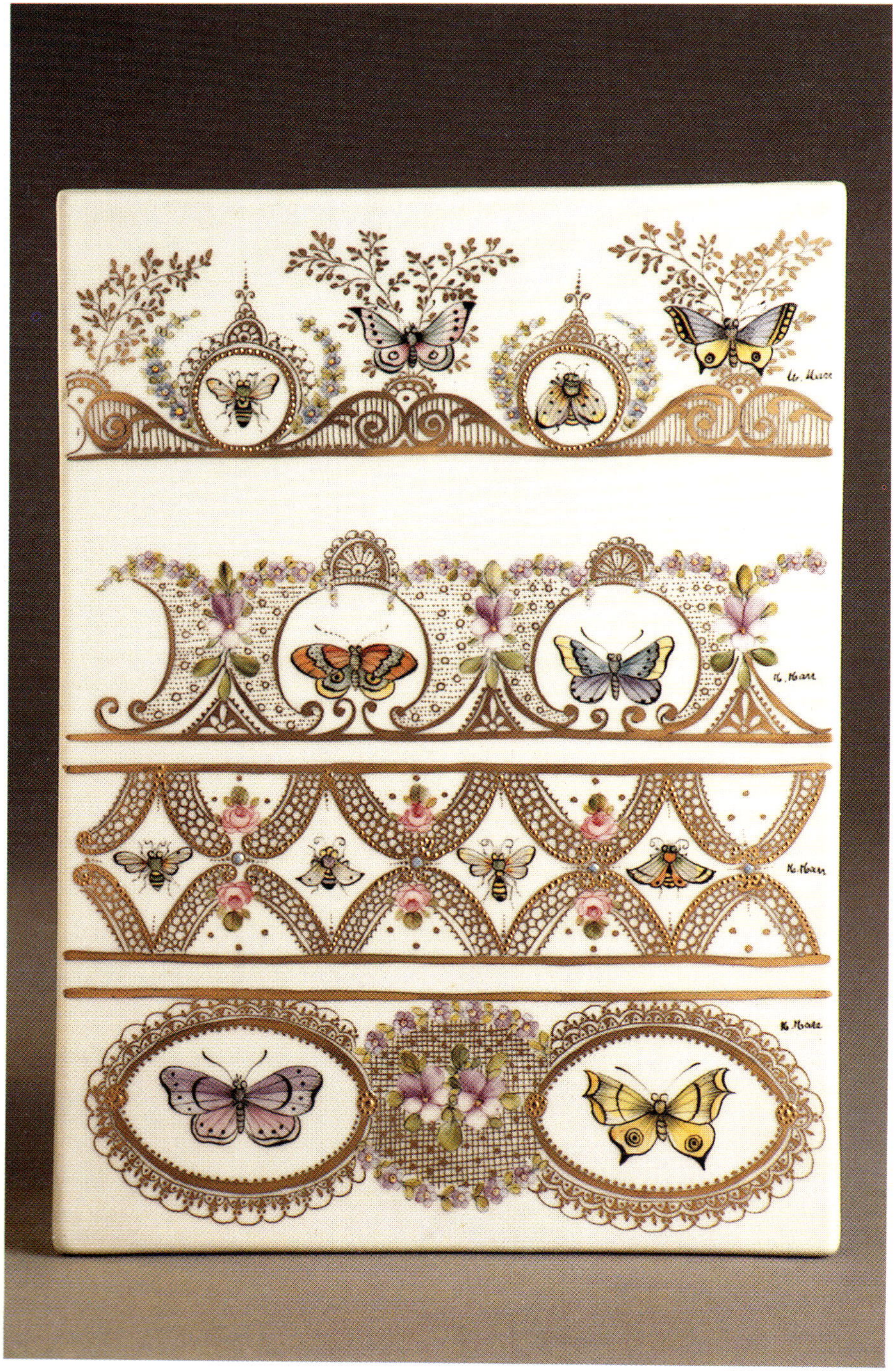

59 Diese prunkvollen Bordüren, die Ihnen ein paar Anregungen geben sollen, lassen sich auf fast allen einfachen Formen anbringen.

60 Verschiedene Broschen und Anhänger: Auf eine Unterlage von Irislüster, der auf der ganzen Fläche aufgebracht ist, wurden nach dem ersten Brand die Insekten mit der Feder schwarz gezeichnet und mit einem Nachbrand fixiert.

## DAS BEMALEN VON PORZELLAN-SCHMUCK

Prunkvolle Schmetterlinge und niedliche Käfer sind auch ideale Motive, um damit Schmuckanhänger und Broschen, aber auch Manschettenknöpfe zu verzieren. Einige Beispiele finden Sie auf Abbildung 60.
Das sind einerseits ideale kleine Geschenke, mit denen Sie viel Freude bereiten, andererseits können Sie so zu einem Kleid – entsprechend seinem Stil und seiner Farbe – das haargenau passende Accessoire fertigen, das Sie in einem Geschäft nie finden würden.
Wie immer sind die verschieden großen Porzellanplättchen vor dem Arbeitsbeginn gut mit Spiritus zu reinigen.
Was die Größe betrifft, so wählen Sie sie jedoch nicht zu klein, damit die Zeichnung darauf auch voll zur Geltung kommen kann. Am geeignetsten sind die runden und ovalen Formen.
Um dem Schmuckstück geheimnisvollen Schimmer zu verleihen, ist Lüsterfarbe als Grundierung sehr gut geeignet. Tragen Sie Irislüster am besten kreuz und quer auf, so kommt das irisierende Element am besten zum Tragen. Die Lüsterfarbe darf jedoch nicht zu dick hergenommen werden, da sie sonst später gerne absplittert und dadurch an Glanz einbüßt.
Sollte der Lüster im Glas einmal etwas eingedickt sein, kann er mit ein bis zwei Tropfen Lüsterverdünner verdünnt werden. Achtung, daß er nicht *zu dünn* wird!
Nach diesem Grundauftrag können Sie die Plättchen bei 800 Grad Celsius einbrennen. Nach dem Brand werden die Falter oder Insekten mit der Feder und schwarzer Farbe aufgezeichnet.
Beachten Sie die Abbildung 60 unten Mitte und Sie werden sehen, wieviel Phantasie auch in ein so minimalistisches Motiv eingeflossen ist.
Zeichnen Sie nicht alle Linien gleich dick auf – es ergibt sich eine viel plastischere Wirkung, wenn der eine oder andere Strich etwas dicker ausfällt.
Hin und wieder können Sie mit Glanzgold auch einige feine Pünktchen aufbringen, das sieht sehr raffiniert aus!
Zuletzt malen Sie noch einen schönen zarten Glanzgoldrand und brennen das Stück im zweiten und letzten Brand auf 760 Grad Celsius ein.

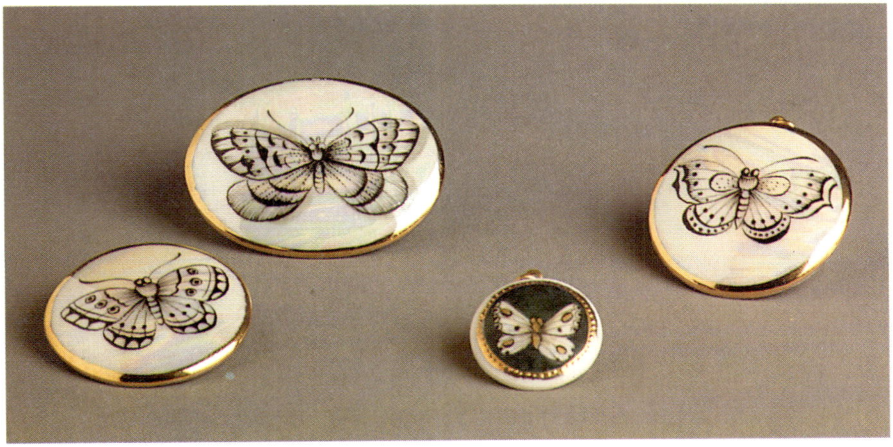

## AUSGEFÜHRTE PORZELLANMALEREIEN

### Die einfache Art der Gräser- und Insektenmalerei

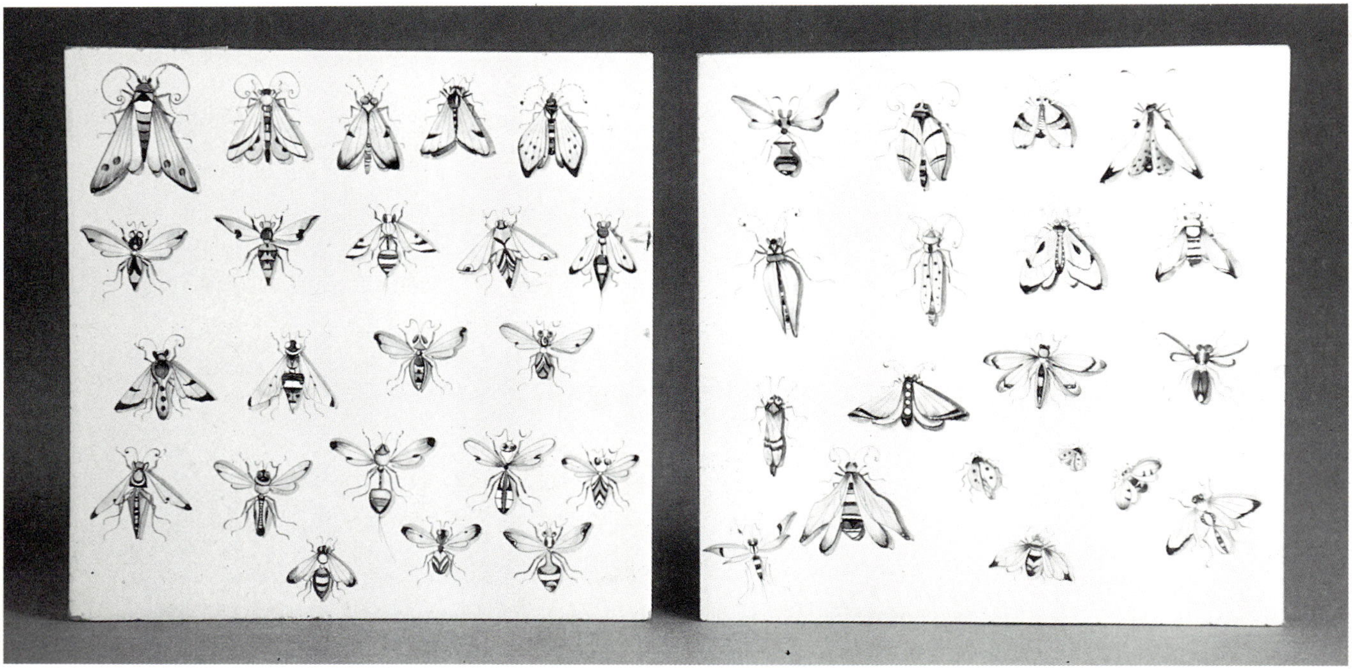

61 All diese Vorlagen wurden zunächst mit der Feder schwarz vorgezeichnet, gebrannt und anschließend koloriert.

Zu Seite 35
62 Sehen diese kleinen Wesen, die sehr individuell gemalt sind, nicht ganz und gar lebensecht aus?

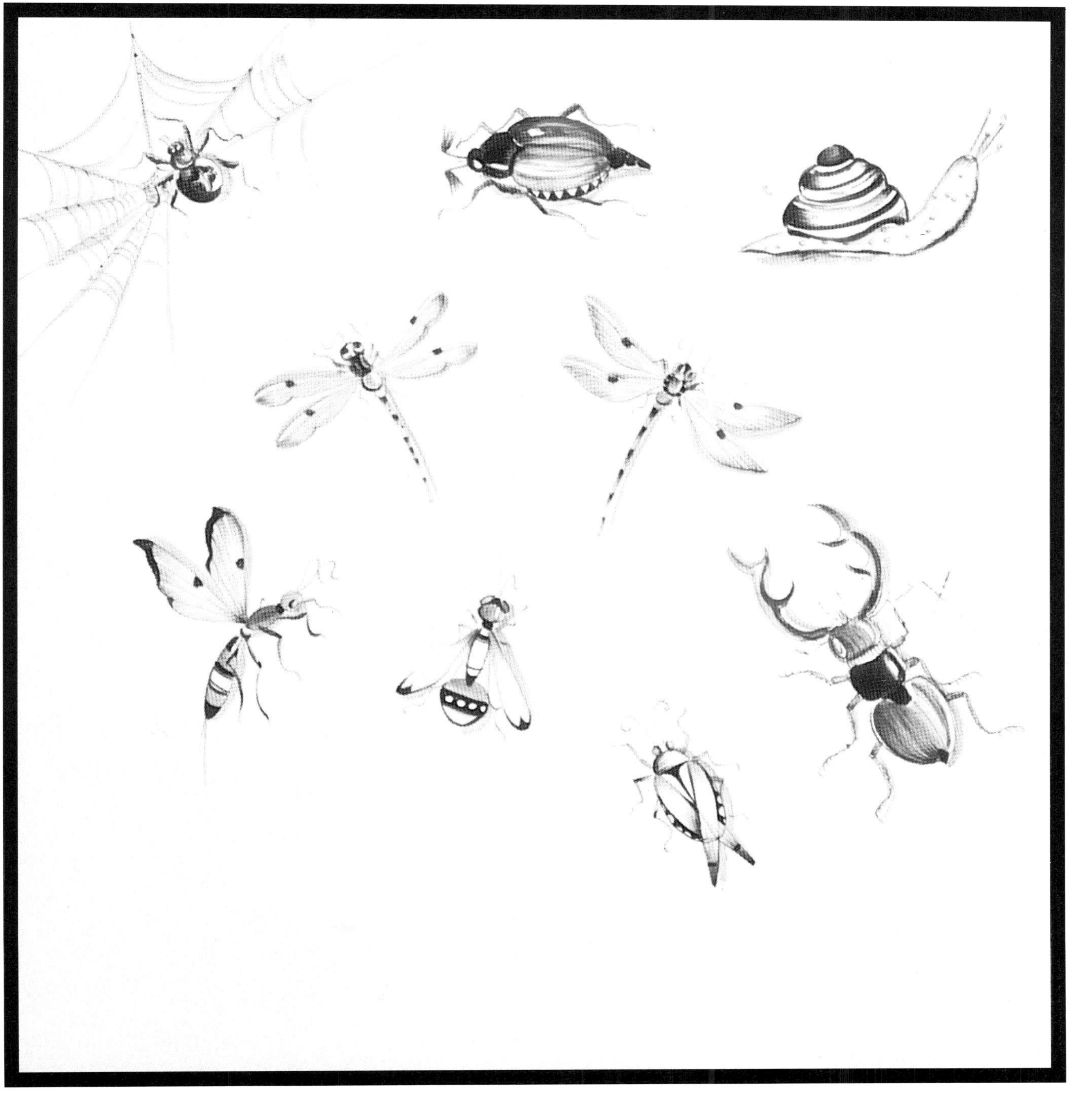

**63 Viele bunte Schmetterlinge ...**

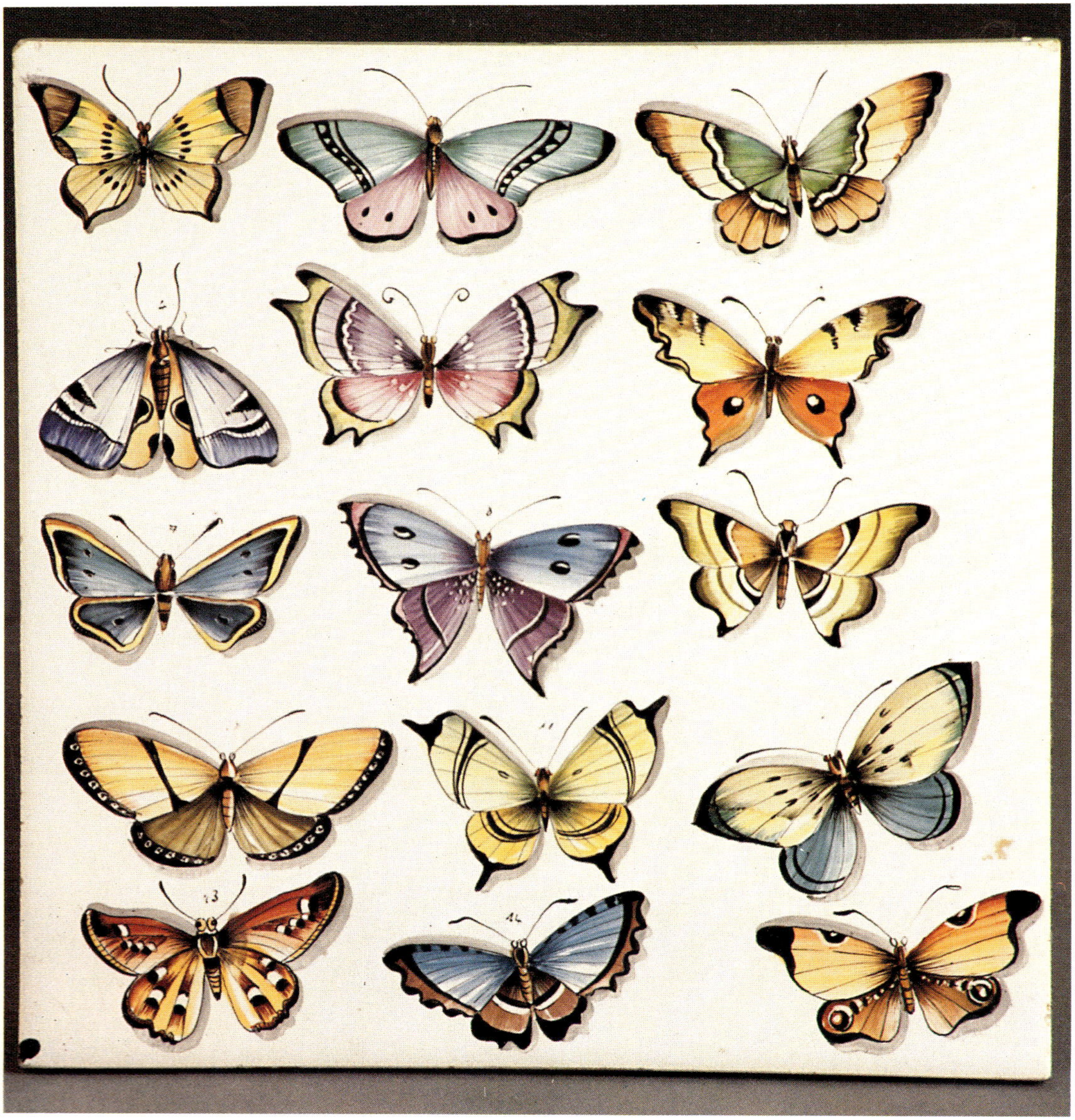

**64** Sie können sich zunächst an Vorlagen aus Botanikbüchern halten, werden aber bald schon farbliche Experimente wagen, die ganz neue Wirkungen hervorrufen.

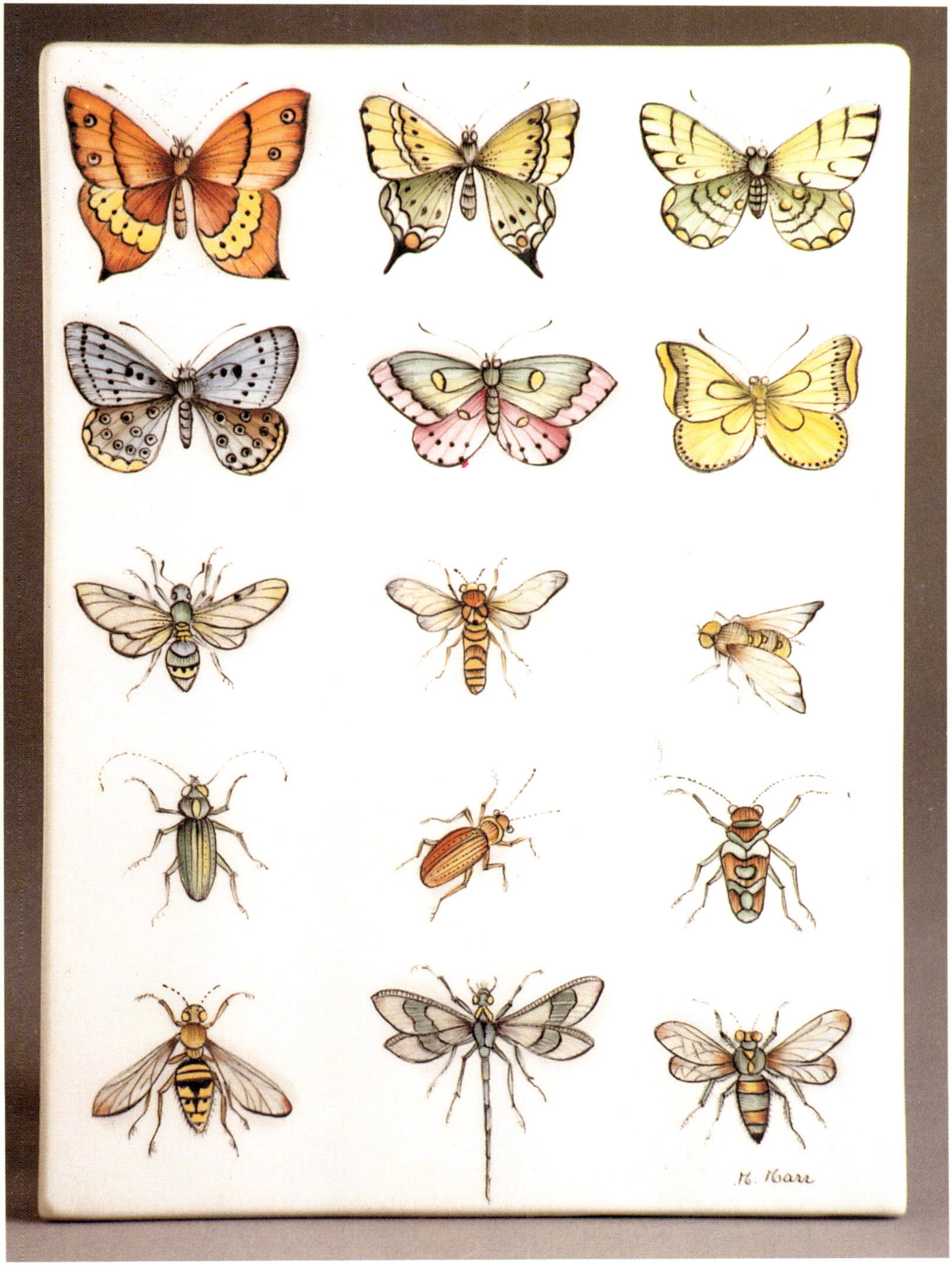

65 Konfektschälchen mit hübschen Einzelmotiven.

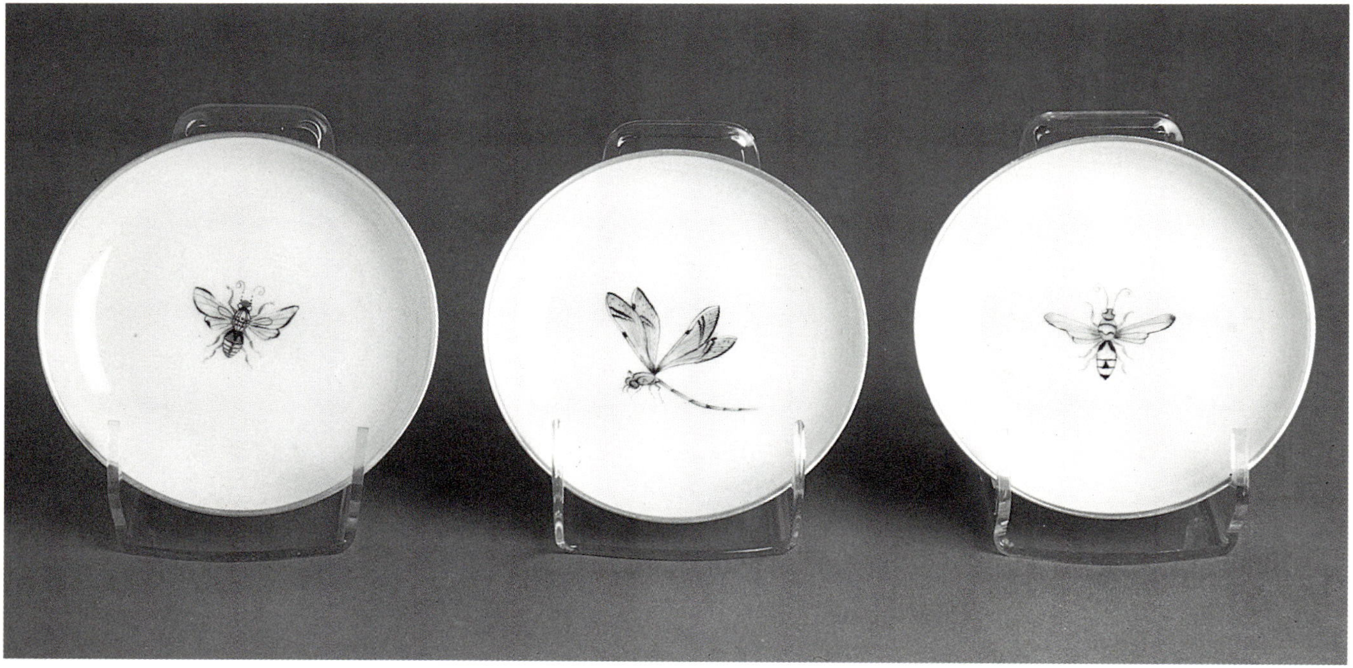

66 Vom Falter bis zum Heuhüpfer reicht das Formenrepertoire, so daß man selbst bei einem 30- oder noch mehrteiligen Service mit jeweils variierten Einzelmotiven kaum in Verlegenheit käme.

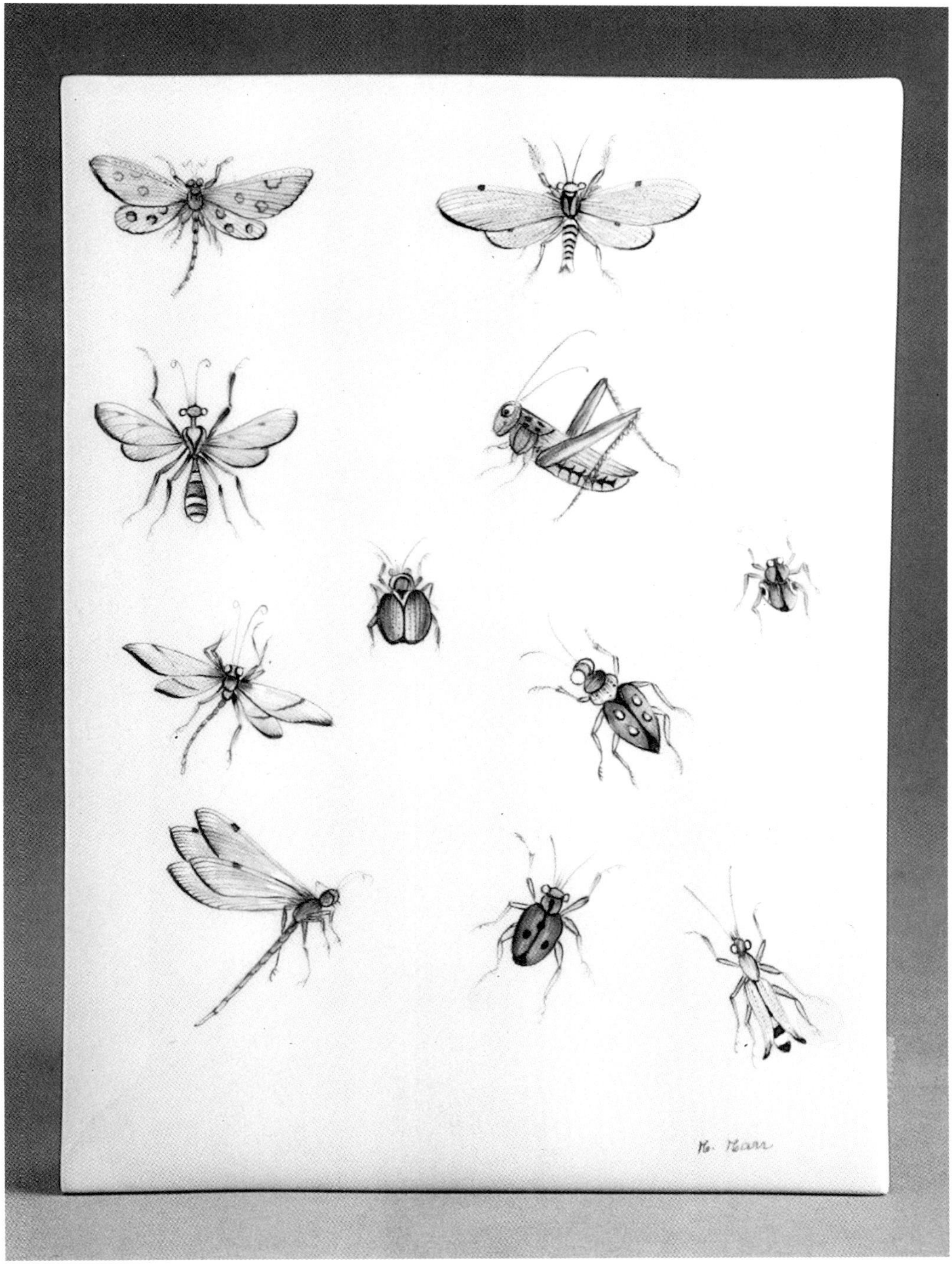

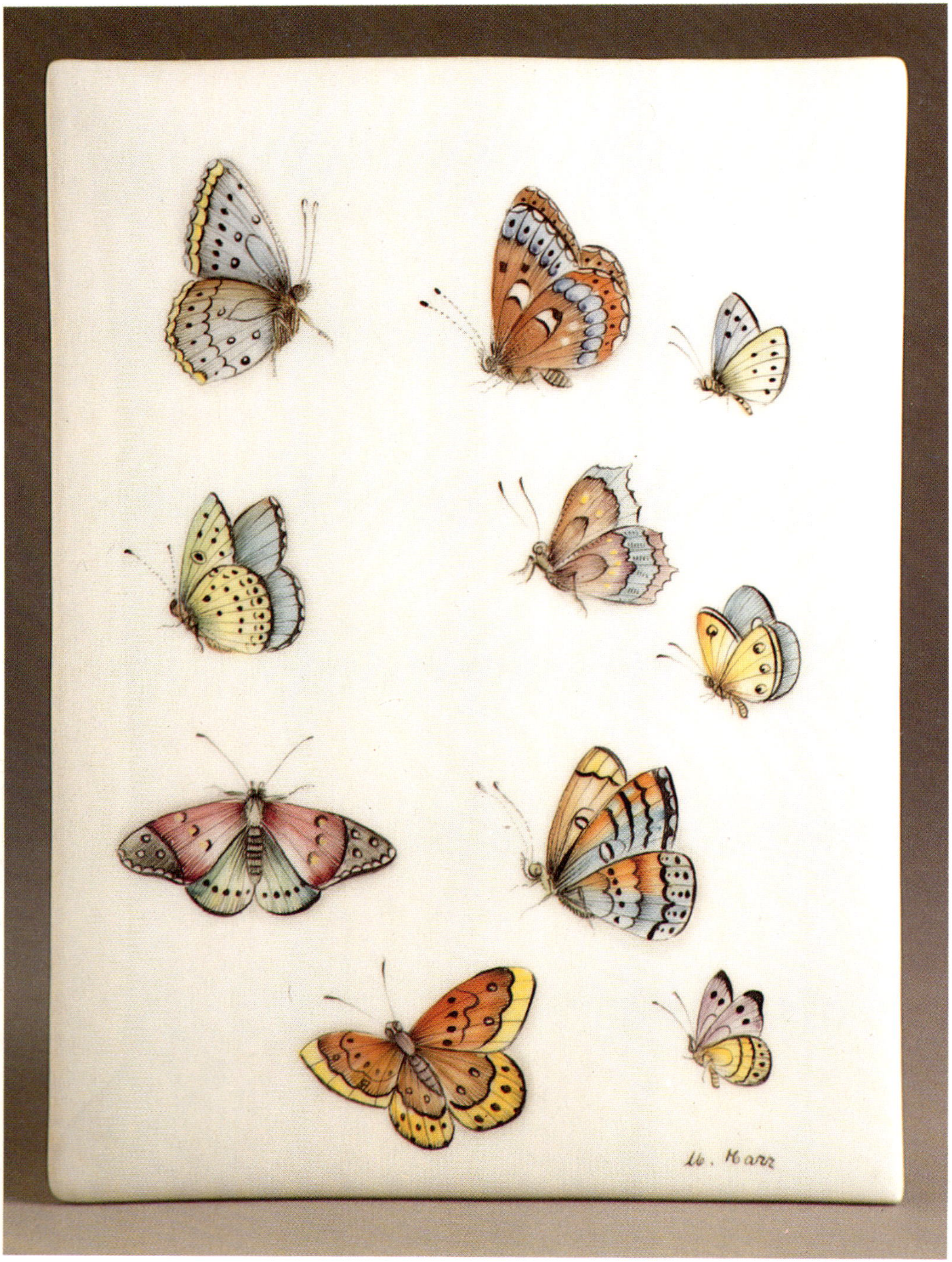


67 Schmetterlinge tun sich auch in Seitenansicht als besonders farbenprächtige Tiere hervor.

Zu Seite 41
68 Diese interessante Randverzierung mit Mattgold auf dem Relief der Schälchen kann den Eindruck, die Falter befänden sich im Fluge, noch verstärken.

69 Konfektschälchen mit besonders liebevoll gezeichneten Insekten.

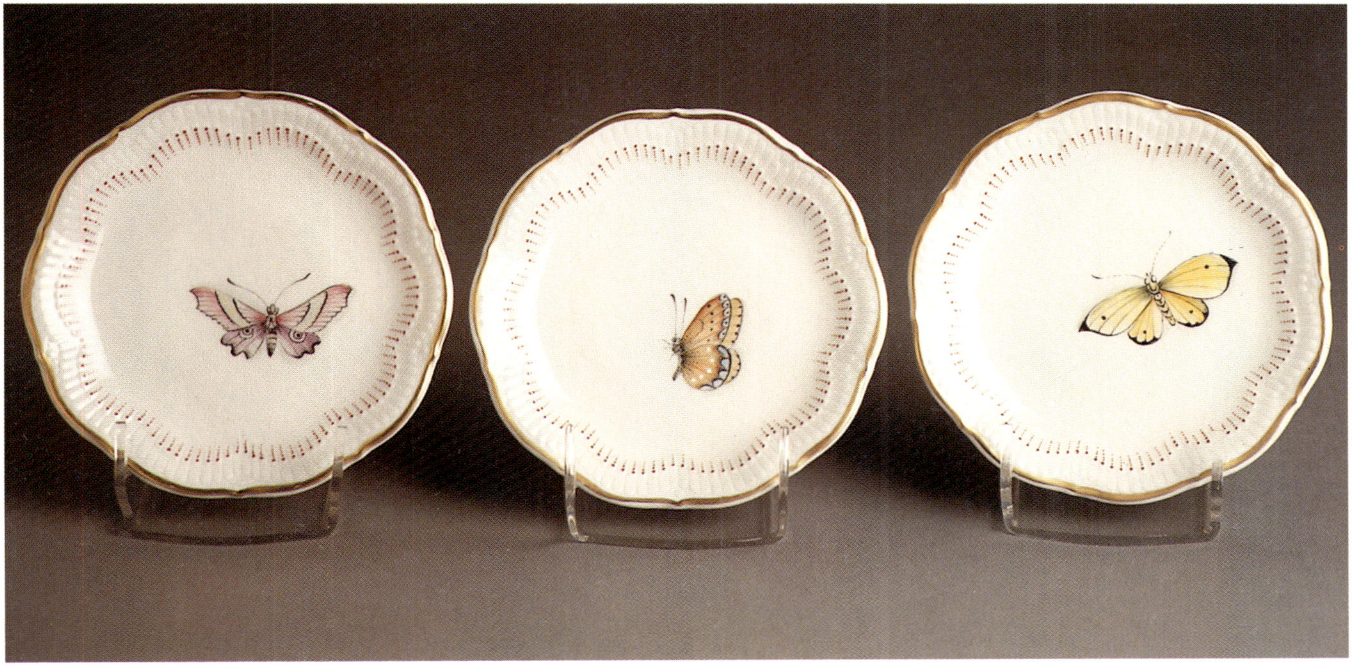

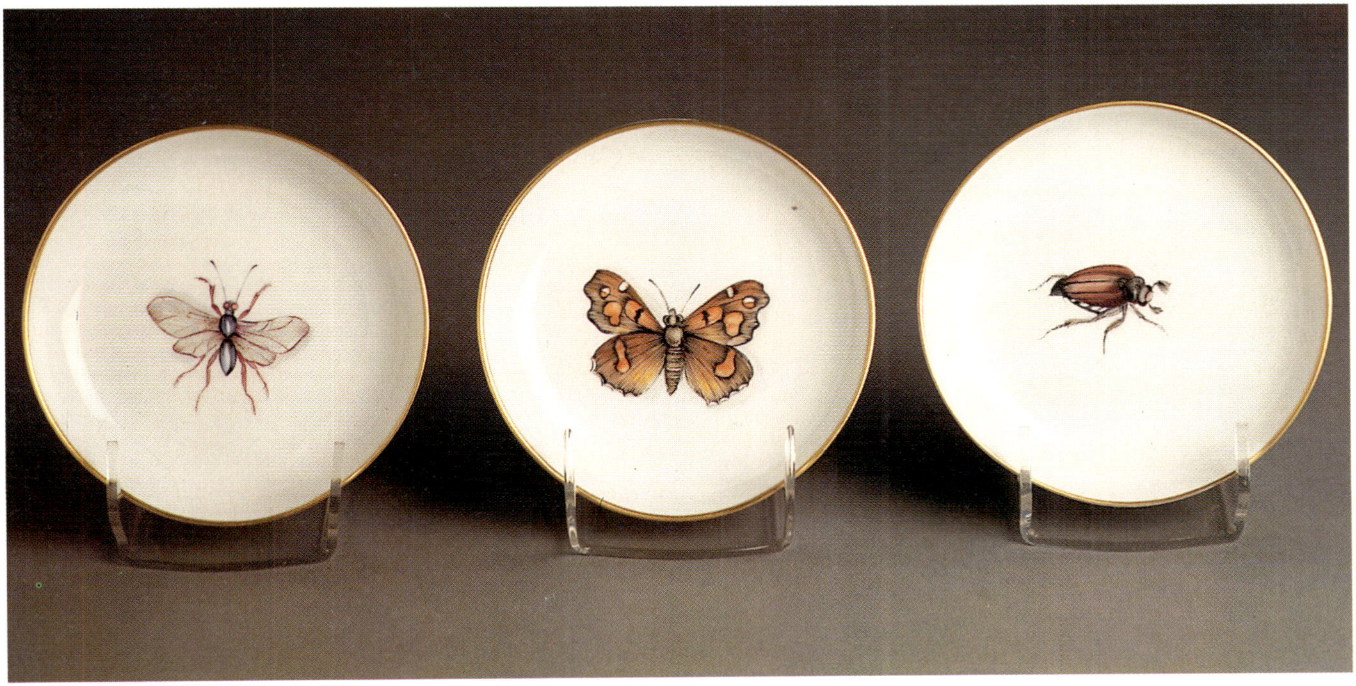

## Die anspruchsvolle Art der Gräser- und Insektenmalerei

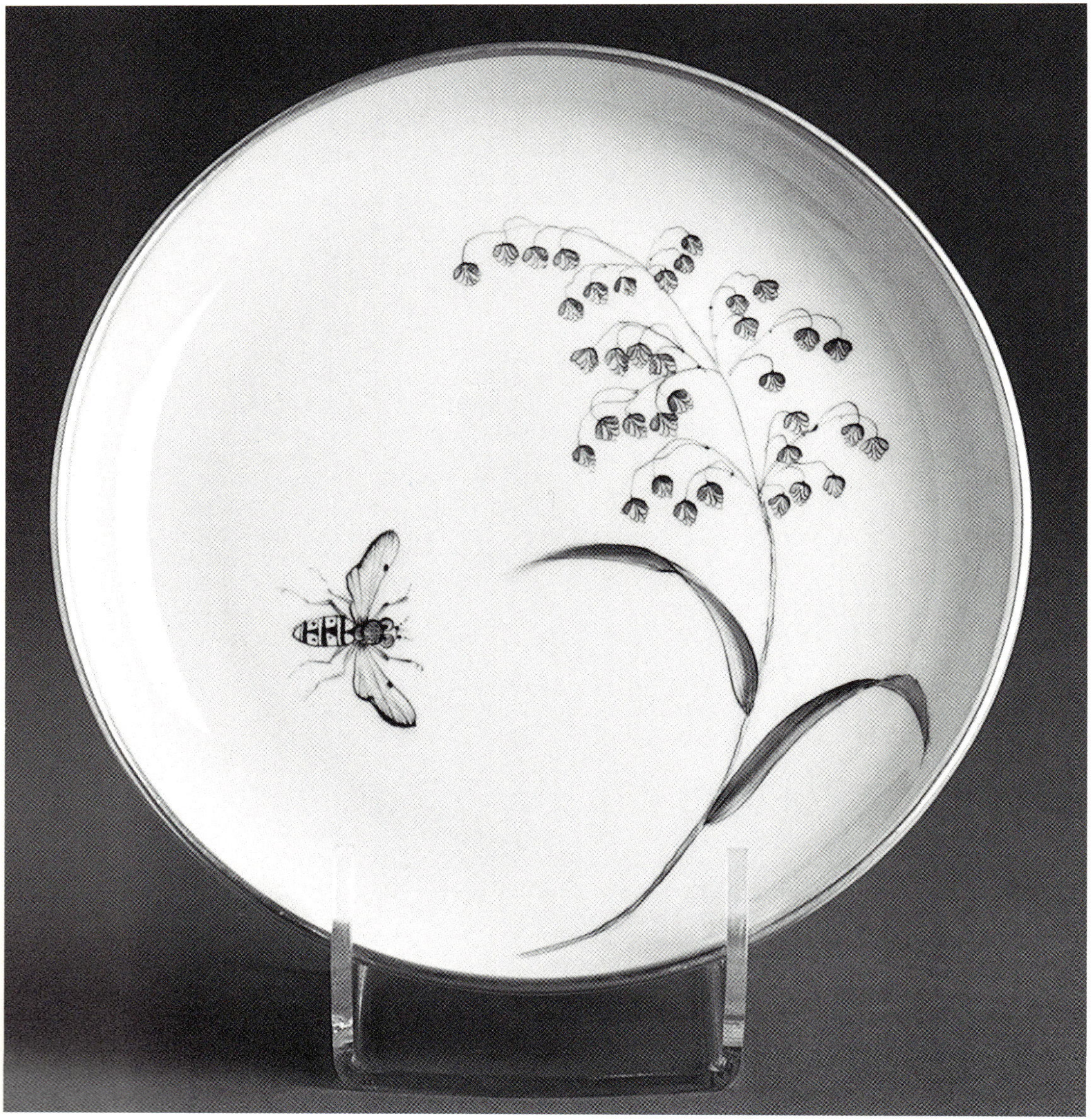

70 Insekt und Zittergras, ein dank seiner Glöckchenform immer sehr gern wiederholtes Motiv.

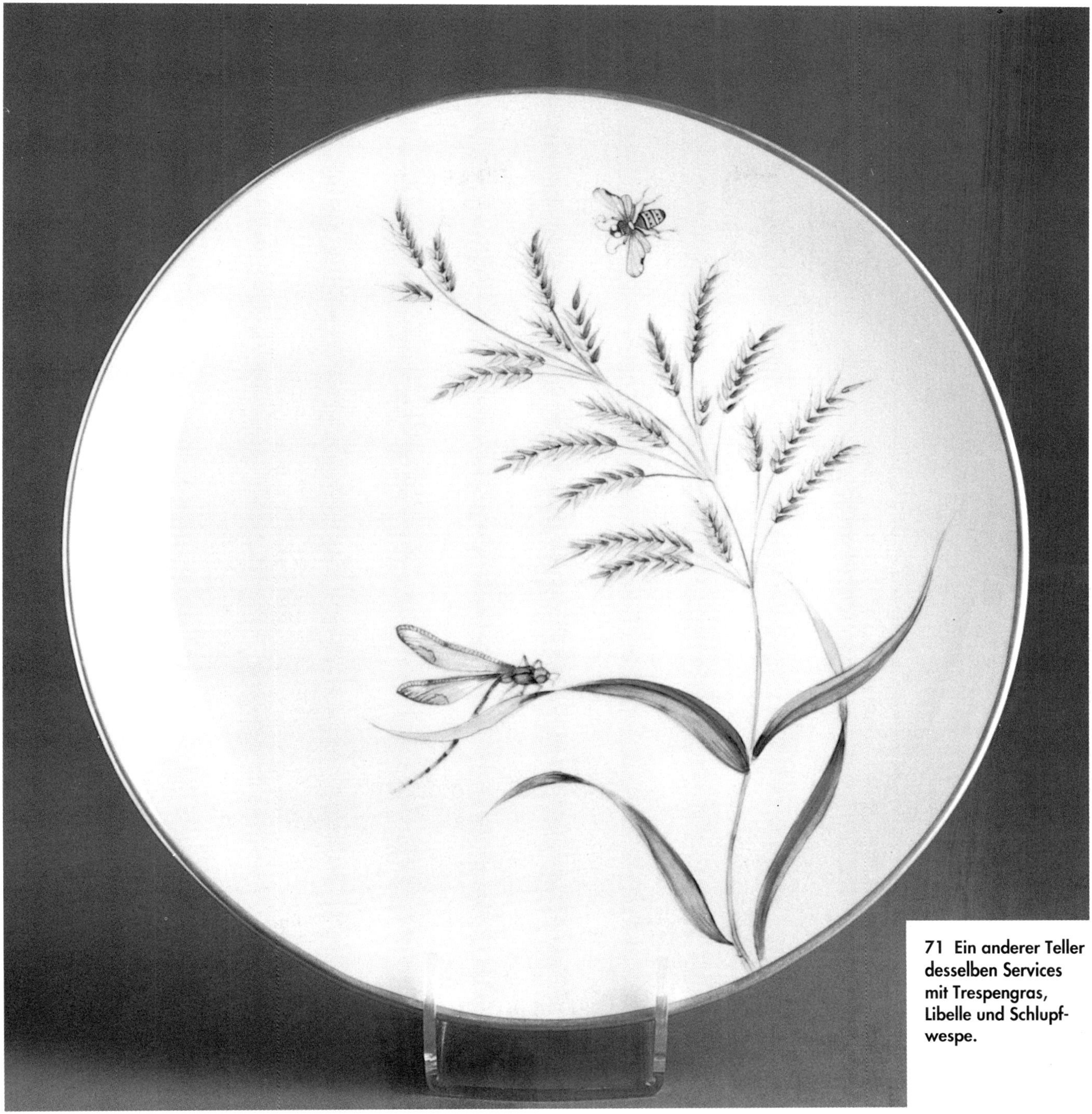

71 Ein anderer Teller desselben Services mit Trespengras, Libelle und Schlupfwespe.

72 Zwei gleich große Teller, bei denen die Dekoranordnung verschieden ist; einmal mehr in die Mitte, einmal mehr auf den Rand hin orientiert.

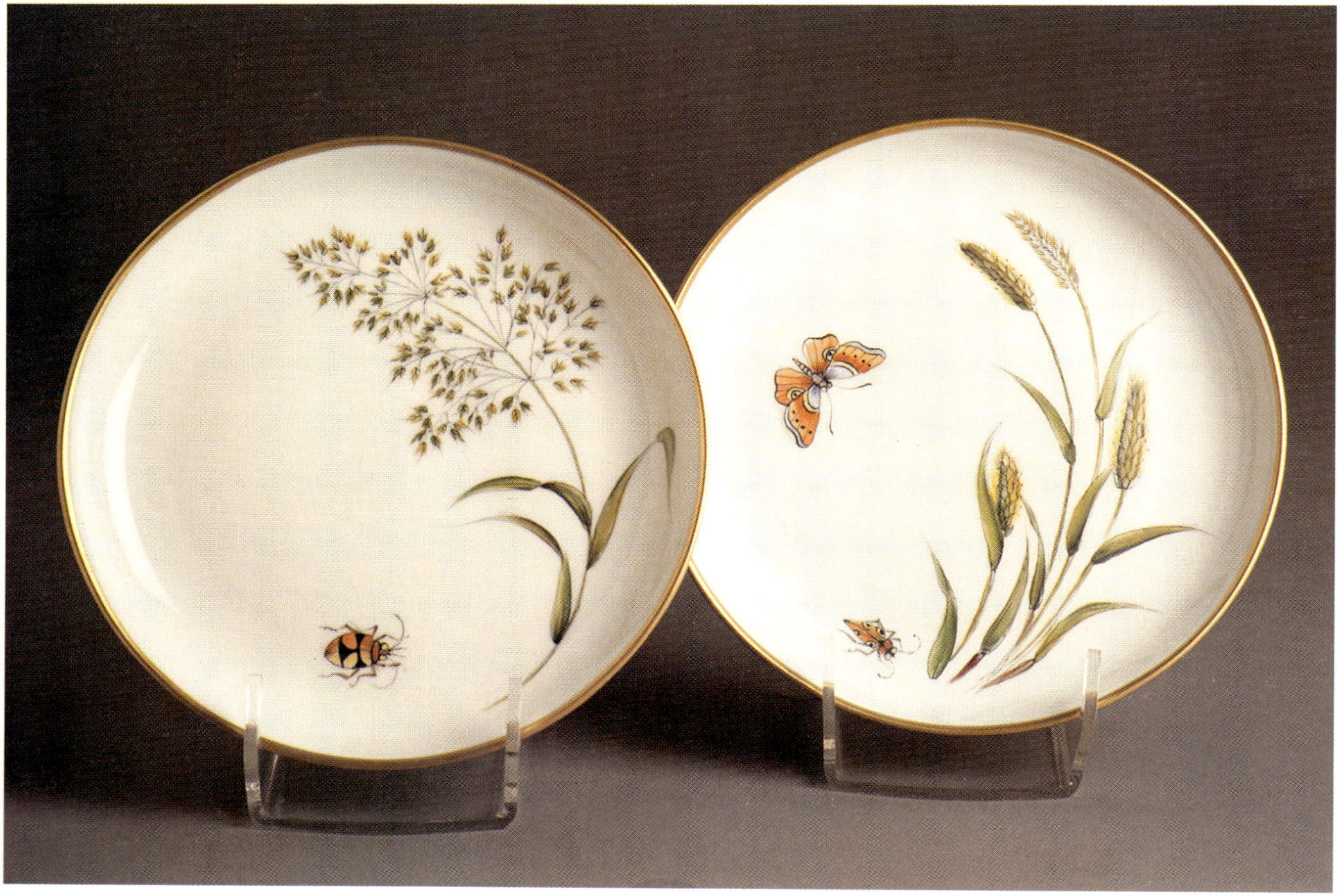

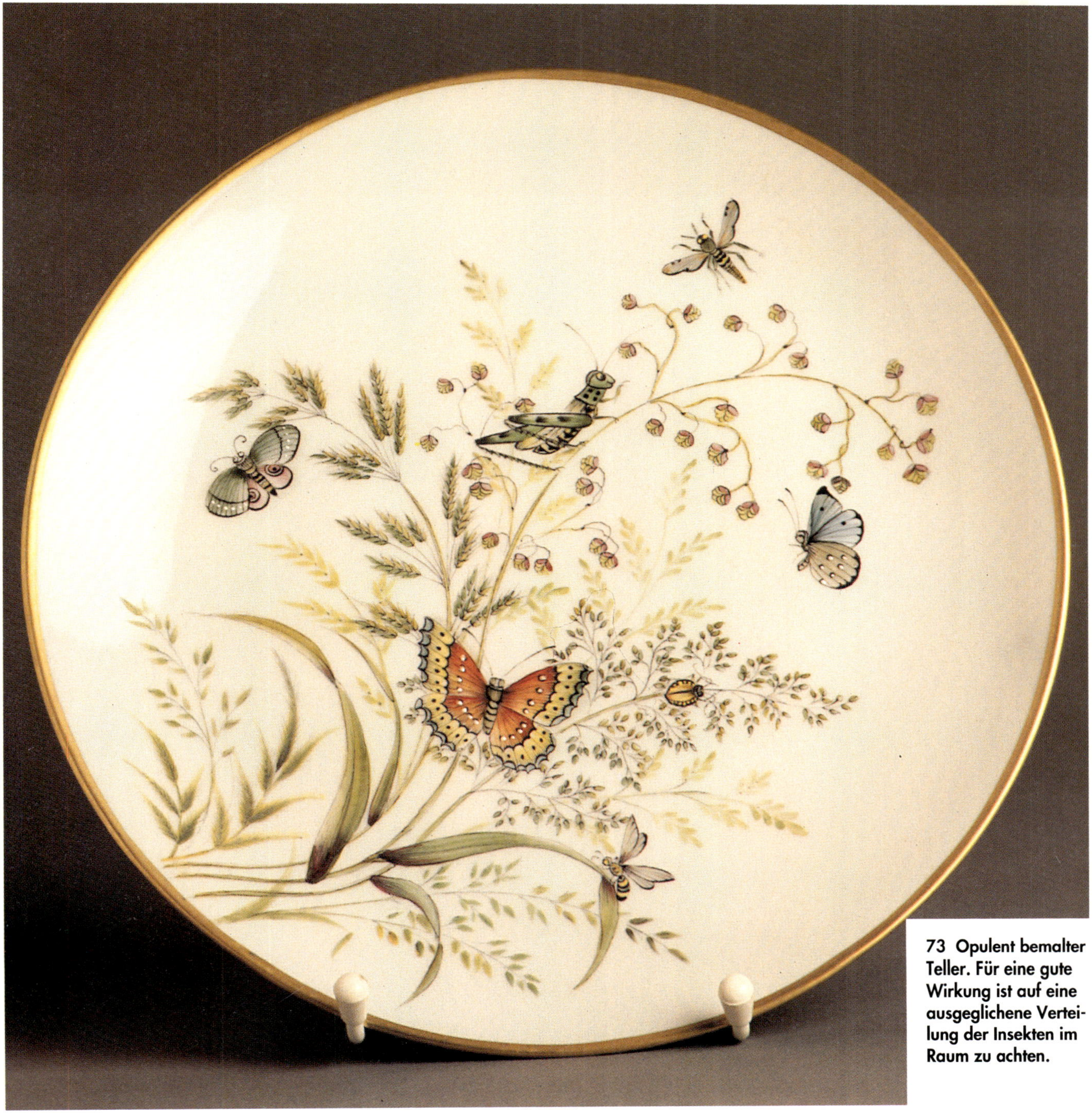

73 Opulent bemalter Teller. Für eine gute Wirkung ist auf eine ausgeglichene Verteilung der Insekten im Raum zu achten.

74 In der Vergrößerung des Kuchentellermotivs von Abb. 71 wird die Wirkung der konturierenden Federzeichnung ganz offenkundig.

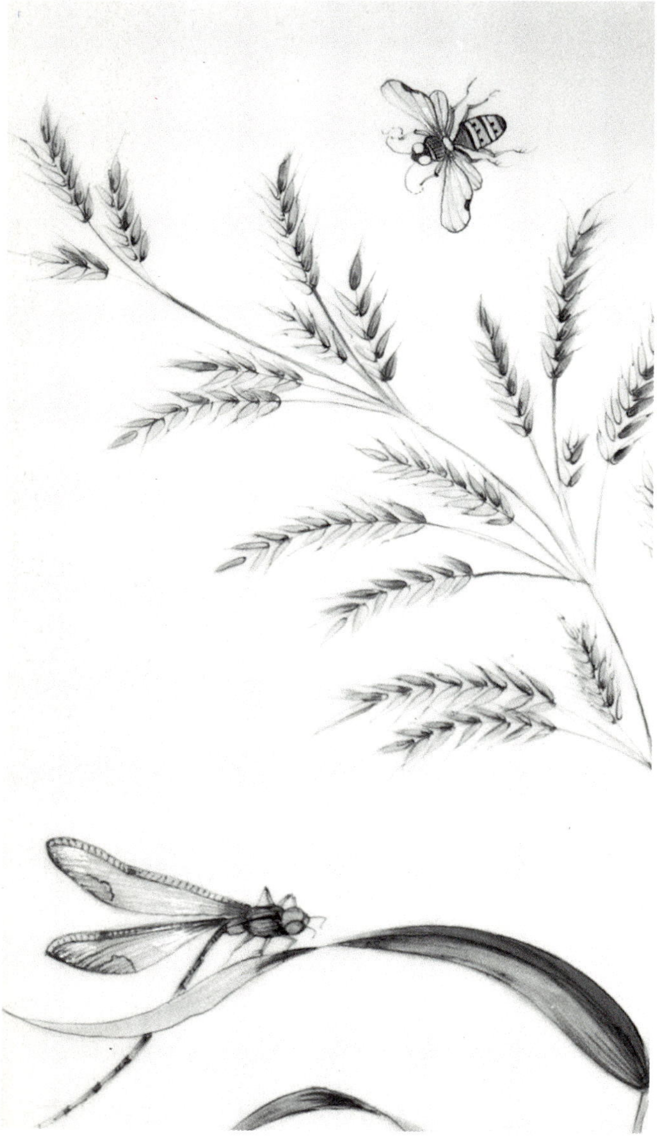

75 Der Ausschnitt aus der Kuchenplatte der Abb. 76 zeigt, daß Gräser genauso effektvoll mit Purpur konturiert werden können.

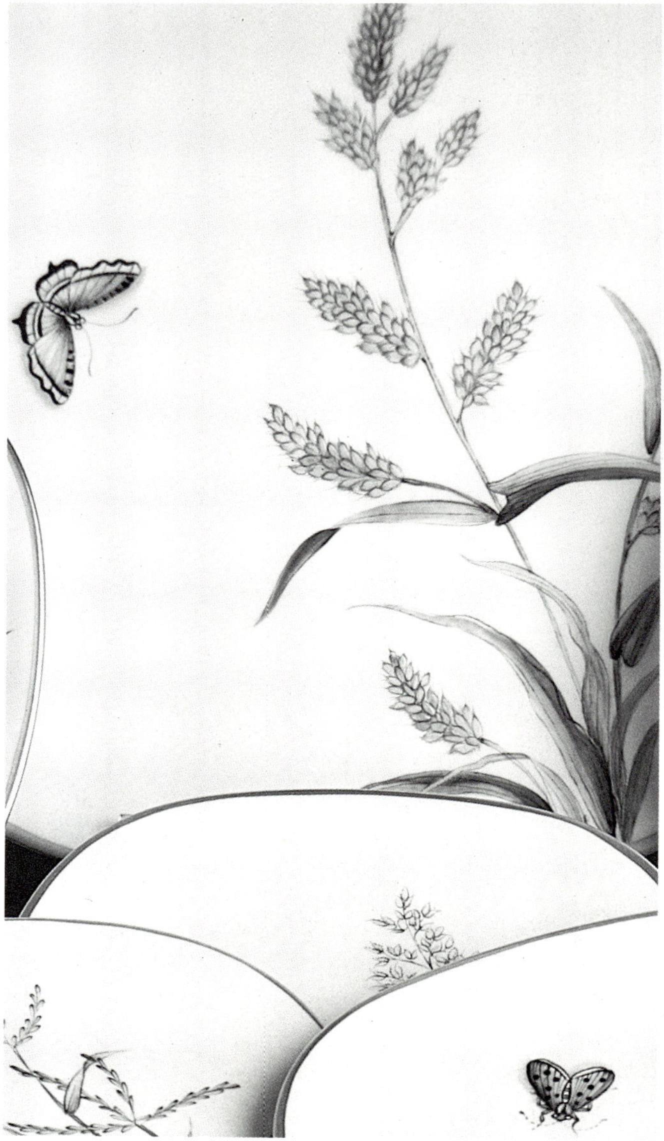

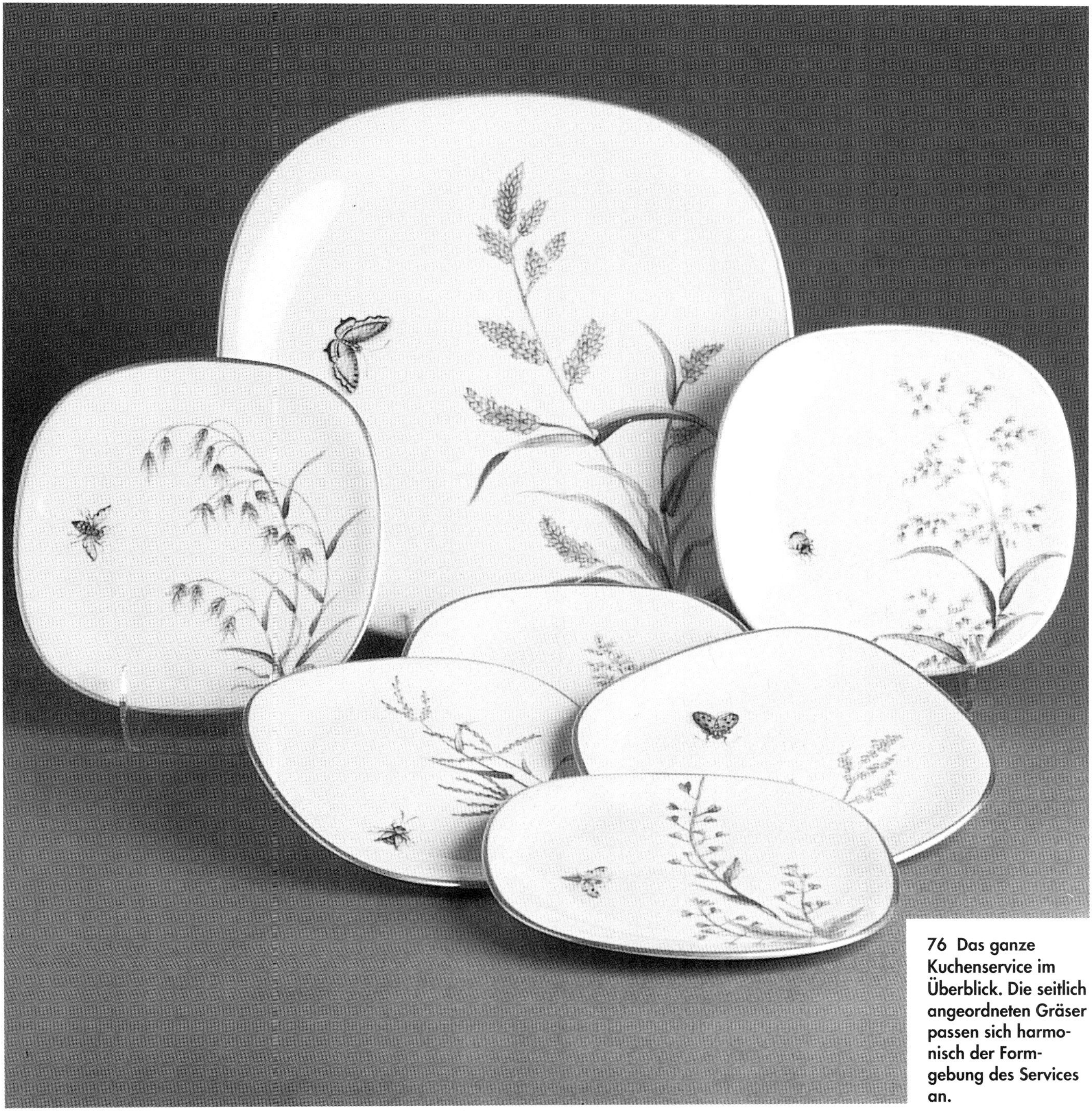

76 Das ganze Kuchenservice im Überblick. Die seitlich angeordneten Gräser passen sich harmonisch der Formgebung des Services an.

77 Die goldenen Insekten sind auf der Platte links oben nur mit Gold und Irislüster unterlegt; unten und rechts sind sie mit der Feder perfekt ergänzt.

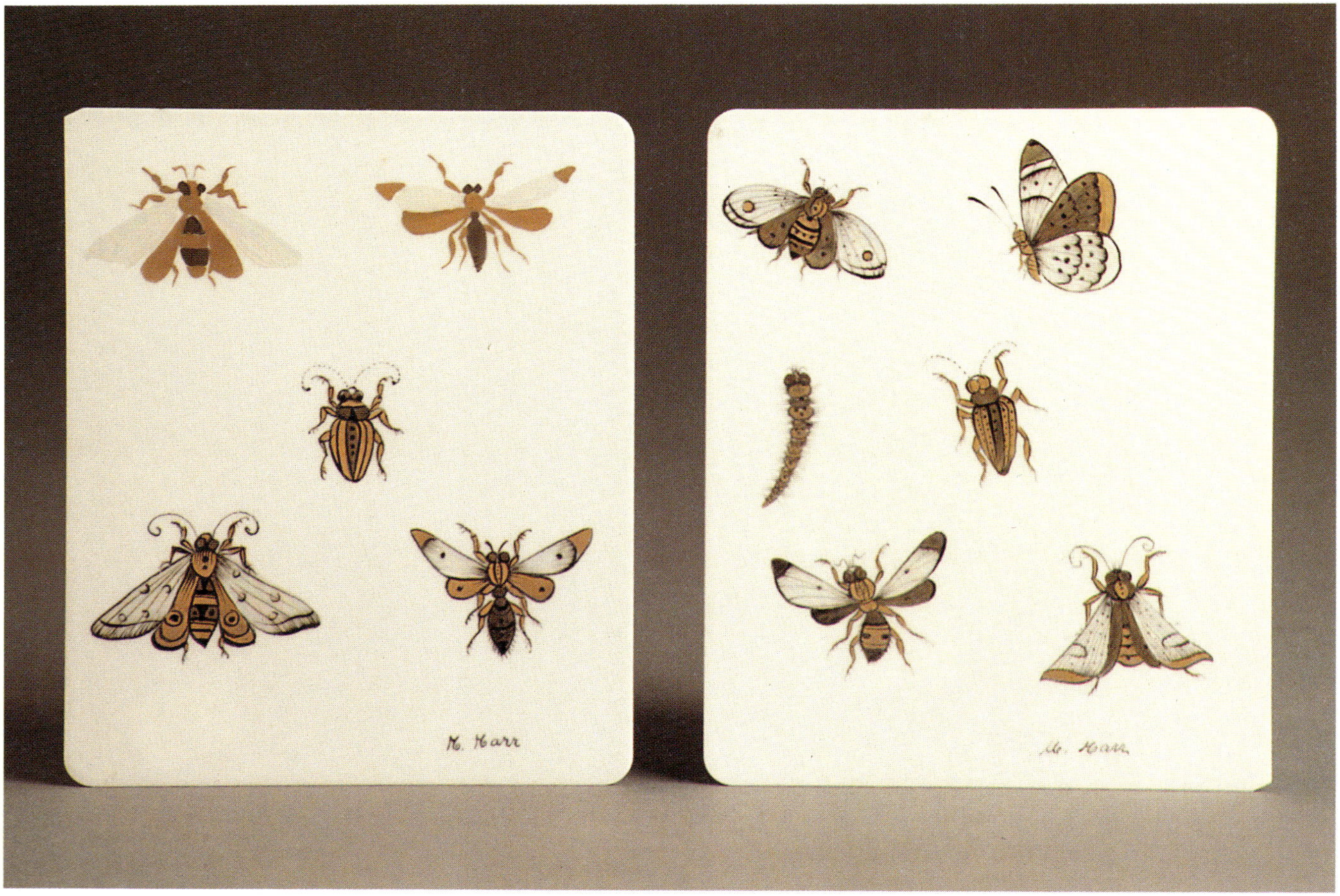

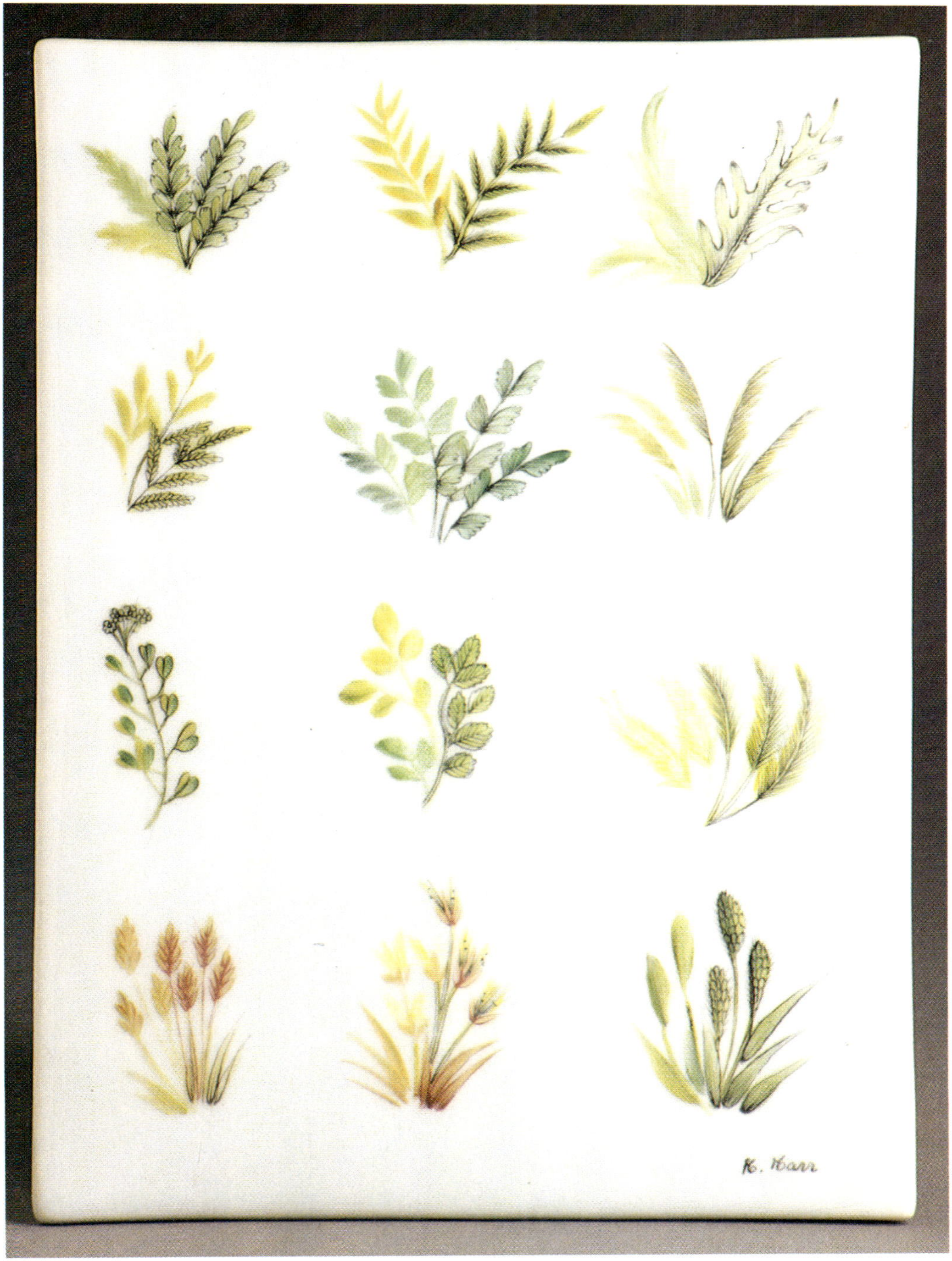

78 Kleine Gräserteile als »Füller«, links im Bild nur in Farbe angelegt, rechts mit der Feder fein ausgearbeitet.

79 Kuchenplatte mit einem reichhaltigen Bouquet aus Gräsern, weißen Blüten und Goldinsekten mit schillernden Flügeln.

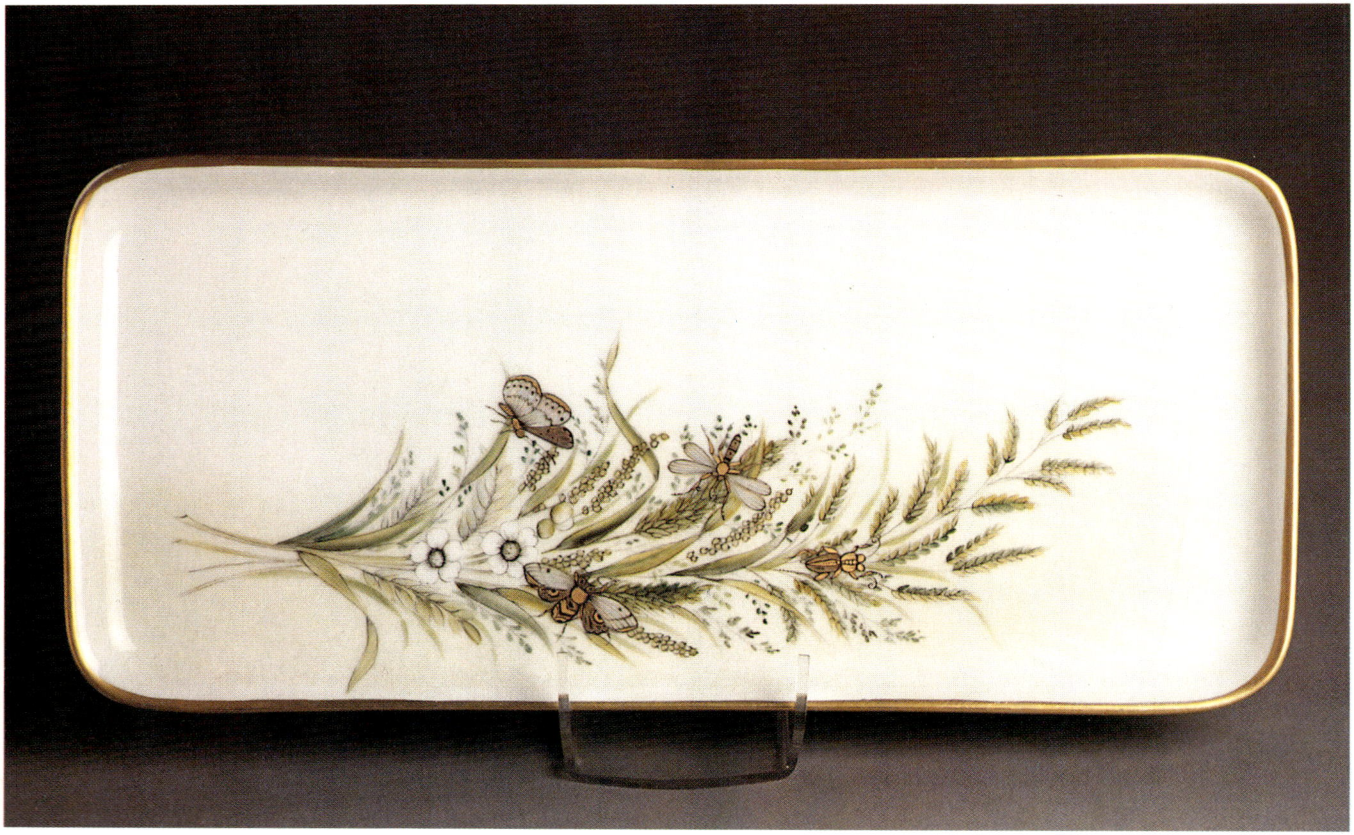

80 Die weißen Beeren als »Füller« in einer ähnlichen Kuchenplatte und andere fruchttragende Pflanzen geben dem Ganzen das Besondere.

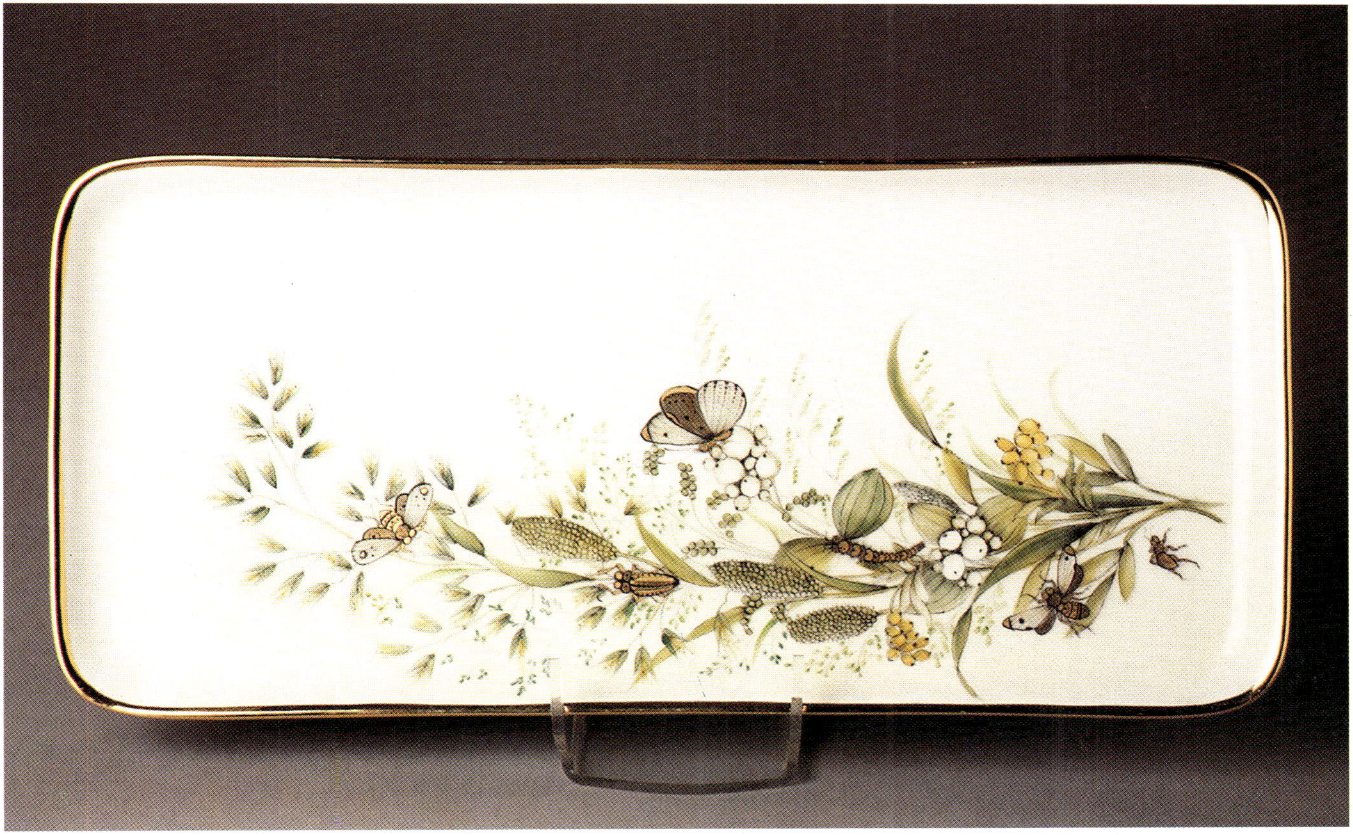

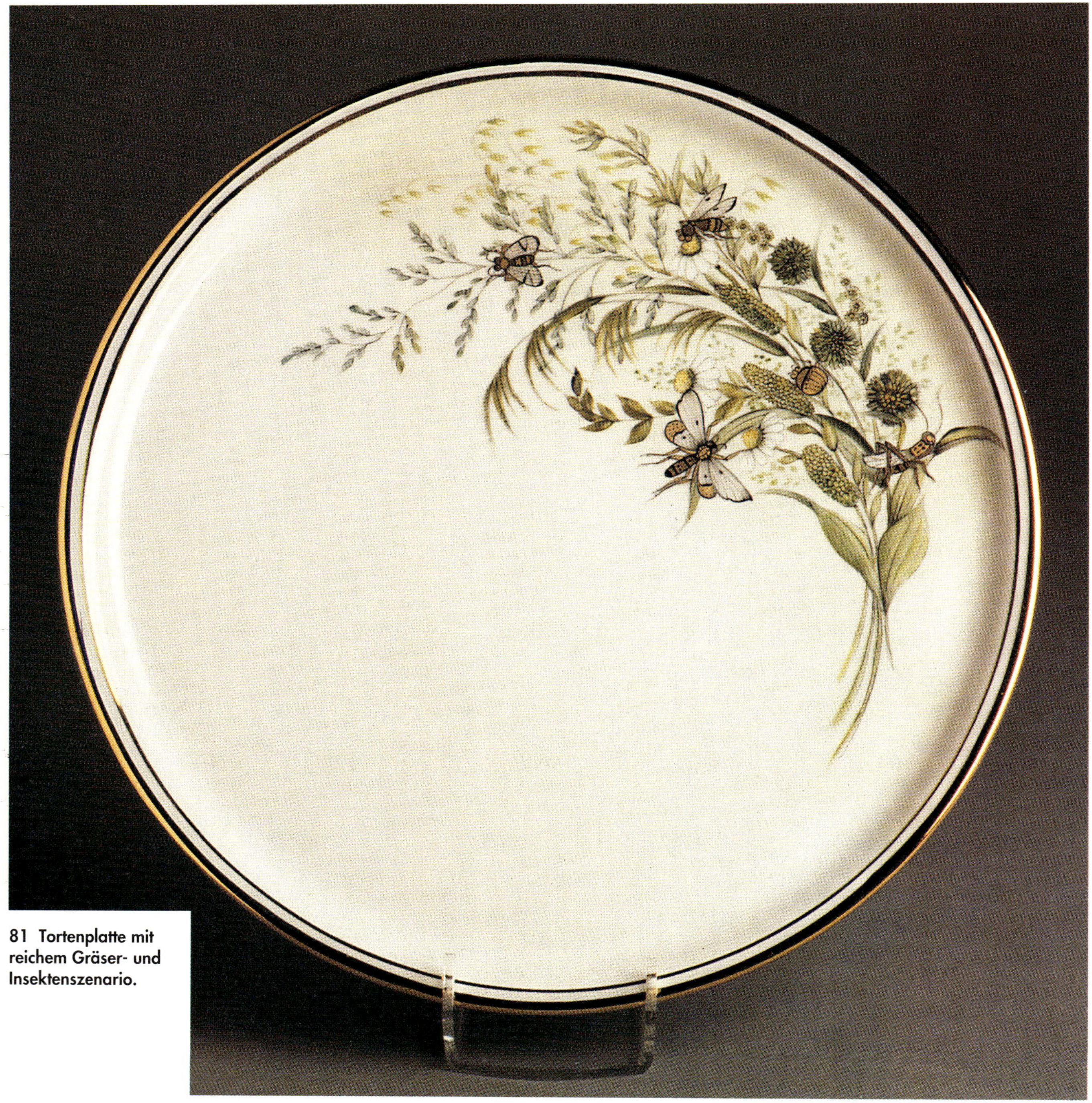

81 Tortenplatte mit reichem Gräser- und Insektenszenario.

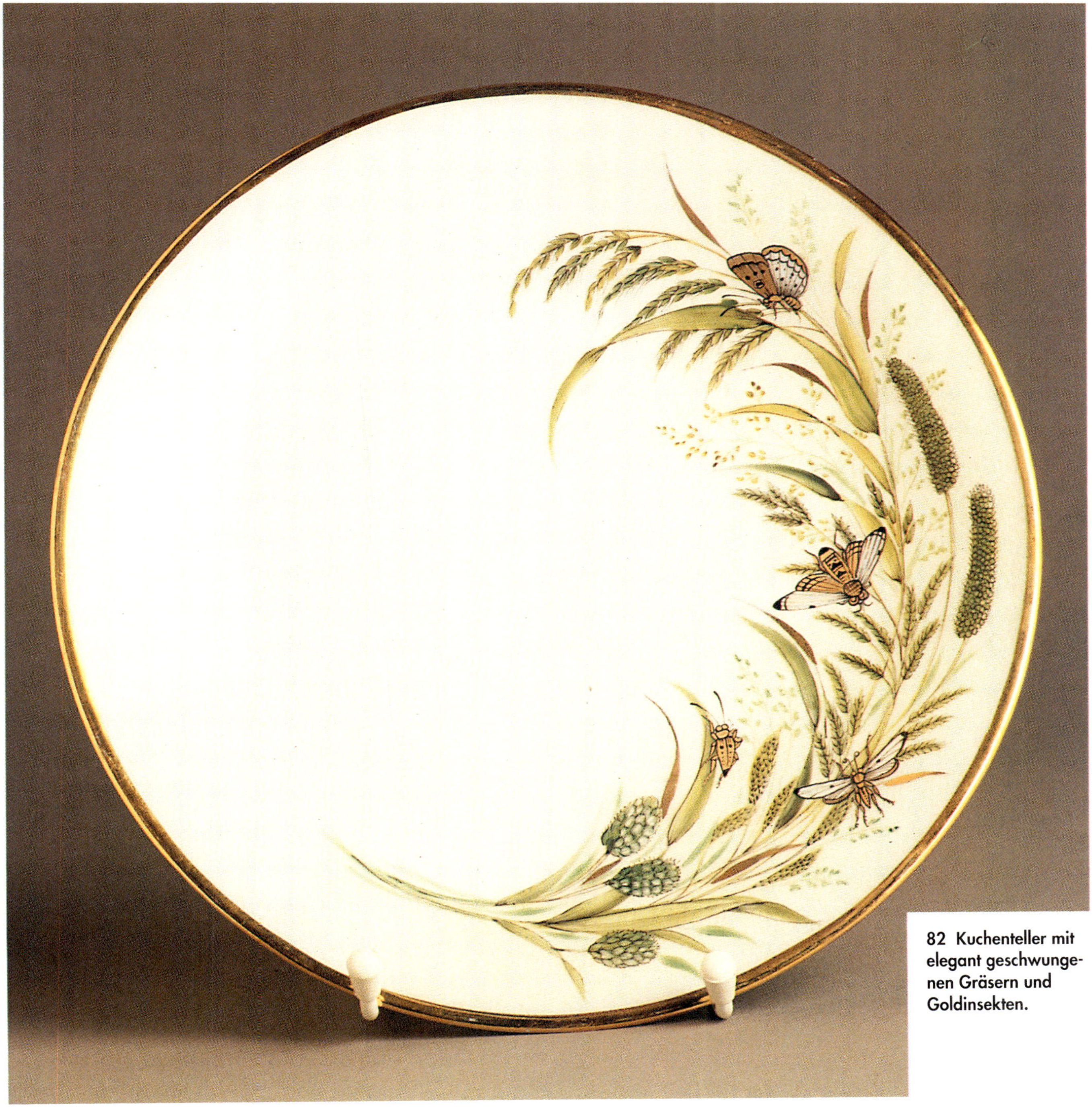

82 Kuchenteller mit elegant geschwungenen Gräsern und Goldinsekten.

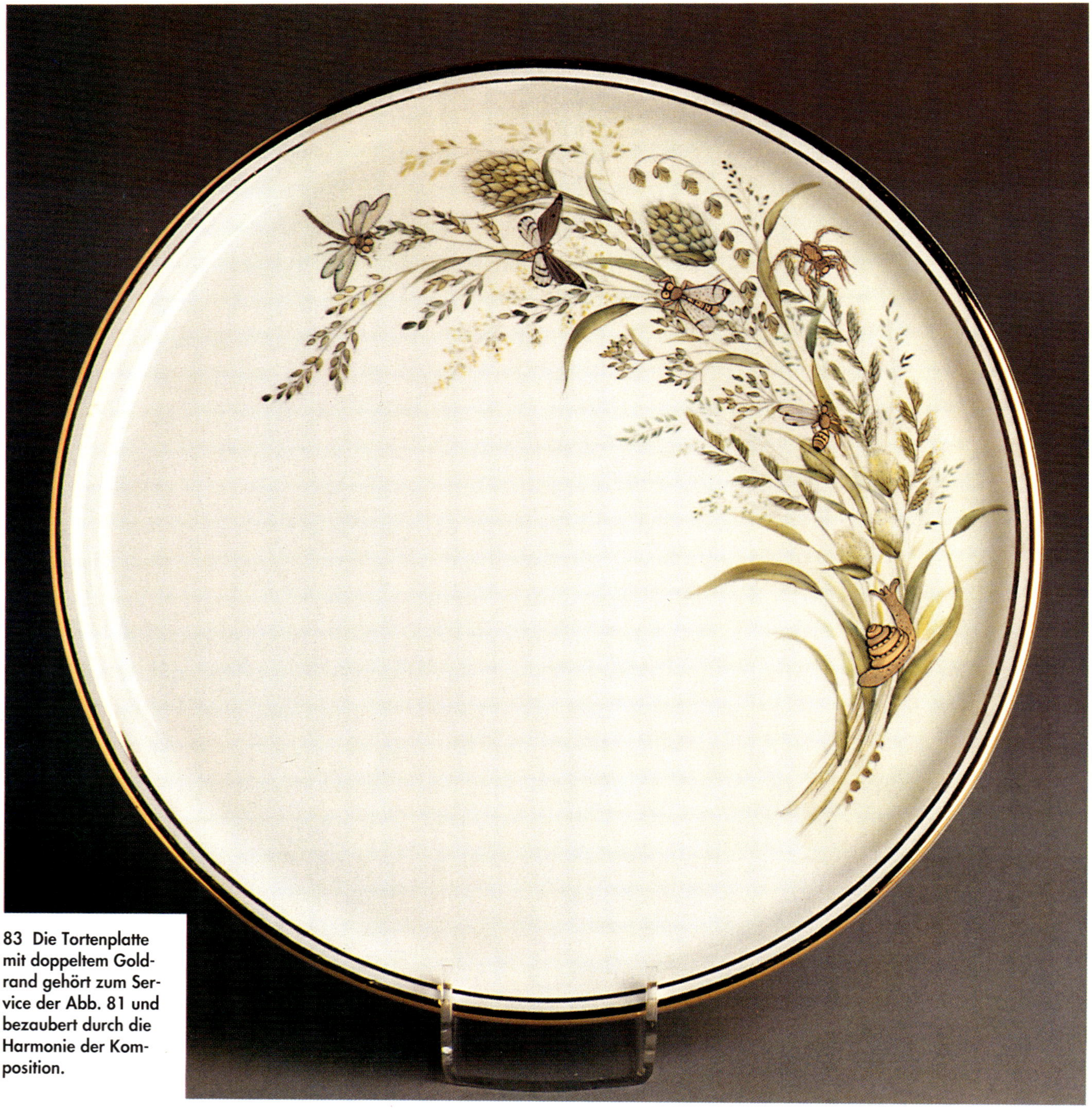

83 Die Tortenplatte mit doppeltem Goldrand gehört zum Service der Abb. 81 und bezaubert durch die Harmonie der Komposition.

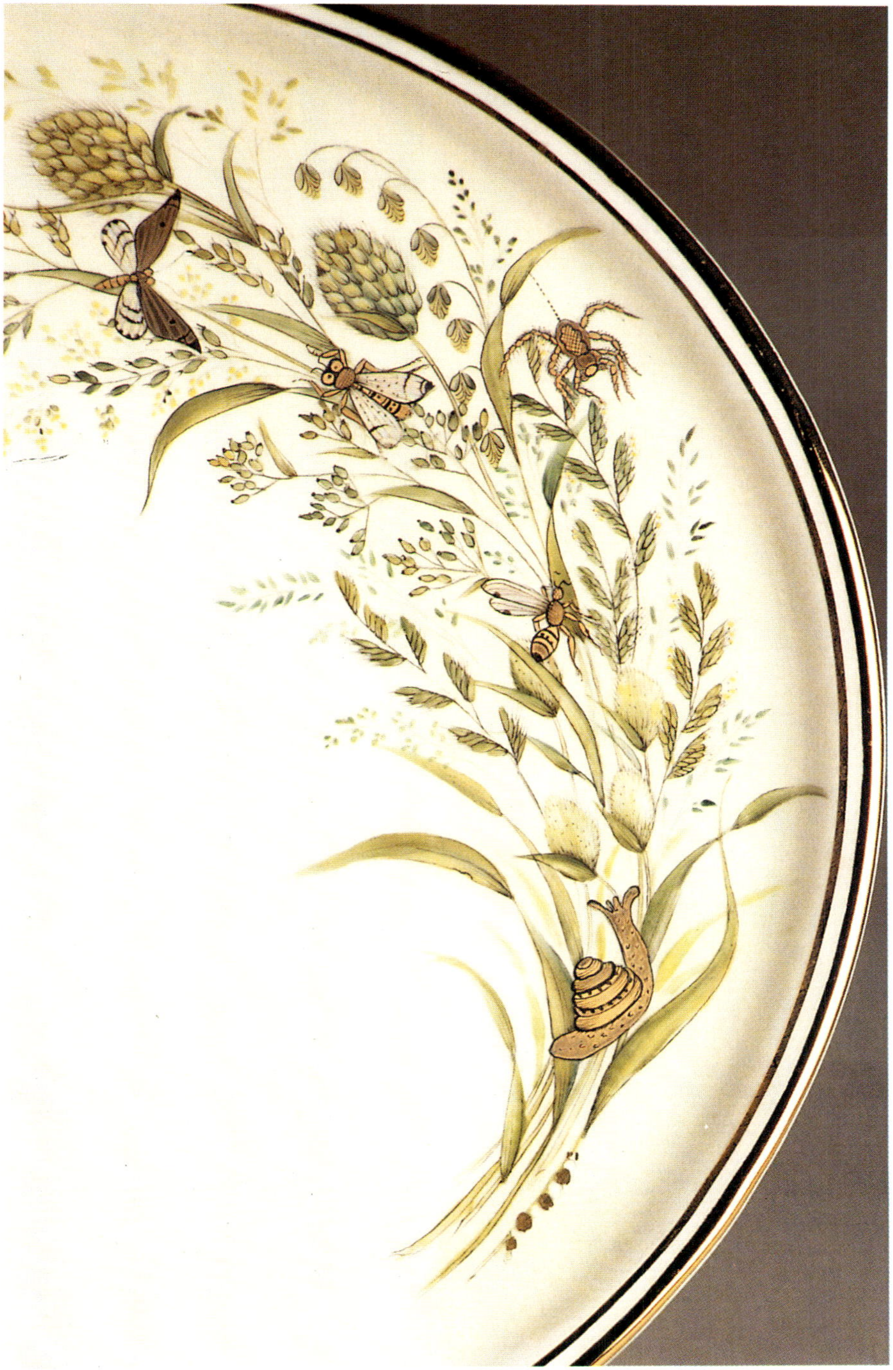

84 Detail aus Abb. 83: Falter, Schlupfwespen, Spinne und Schnecke tummeln sich einträchtig zwischen den vielen bunten Wiesengräsern.

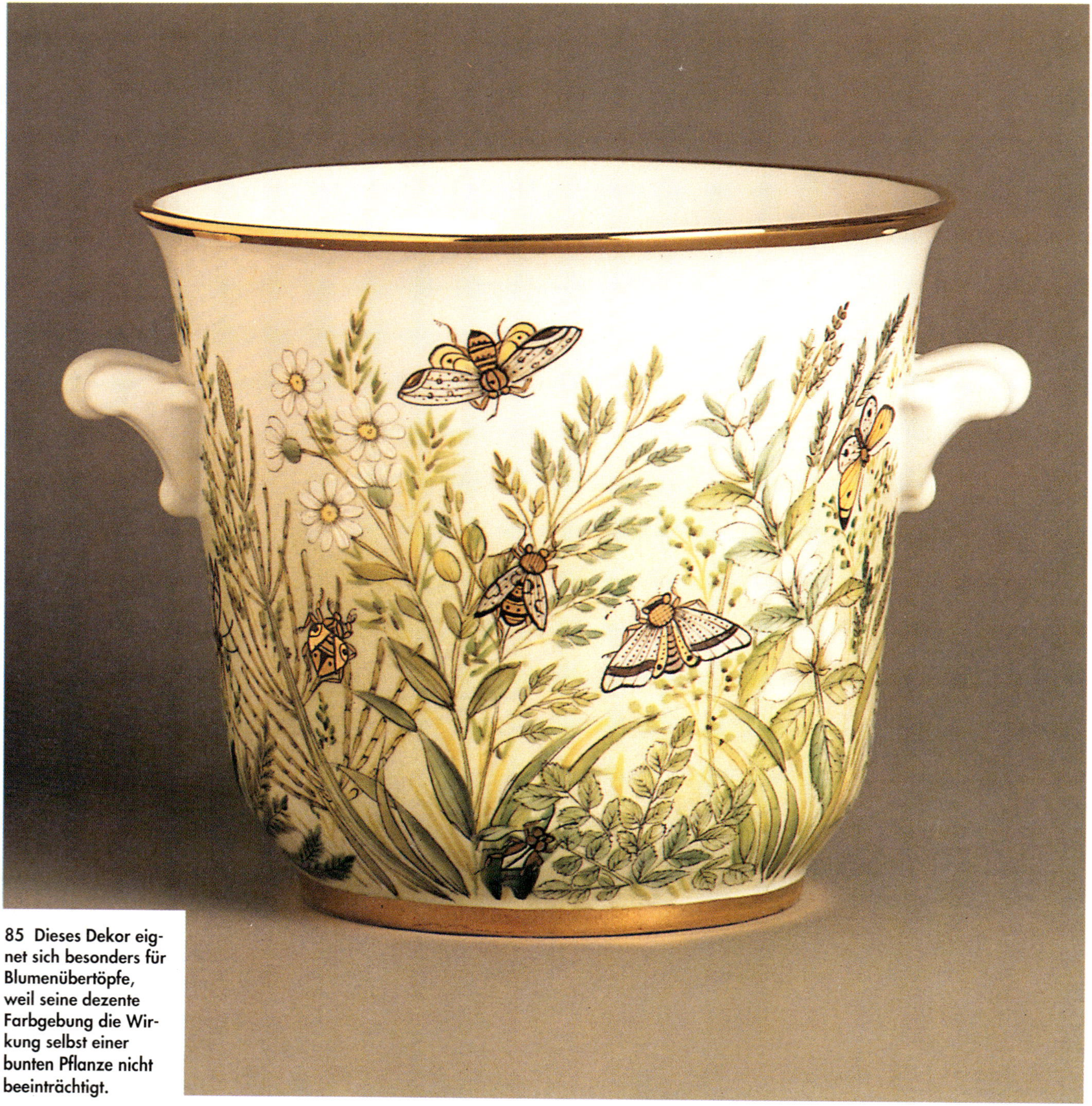

85 Dieses Dekor eignet sich besonders für Blumenübertöpfe, weil seine dezente Farbgebung die Wirkung selbst einer bunten Pflanze nicht beeinträchtigt.

86 Wasserkrug oder Krugvase mit reichem Gräser- und Farndekor und Goldinsekten. Gräserteile als »Füller« und krabbelnde Käfer am unteren Rand des Gefäßes geben dem Ganzen »Bodenhaftung«.

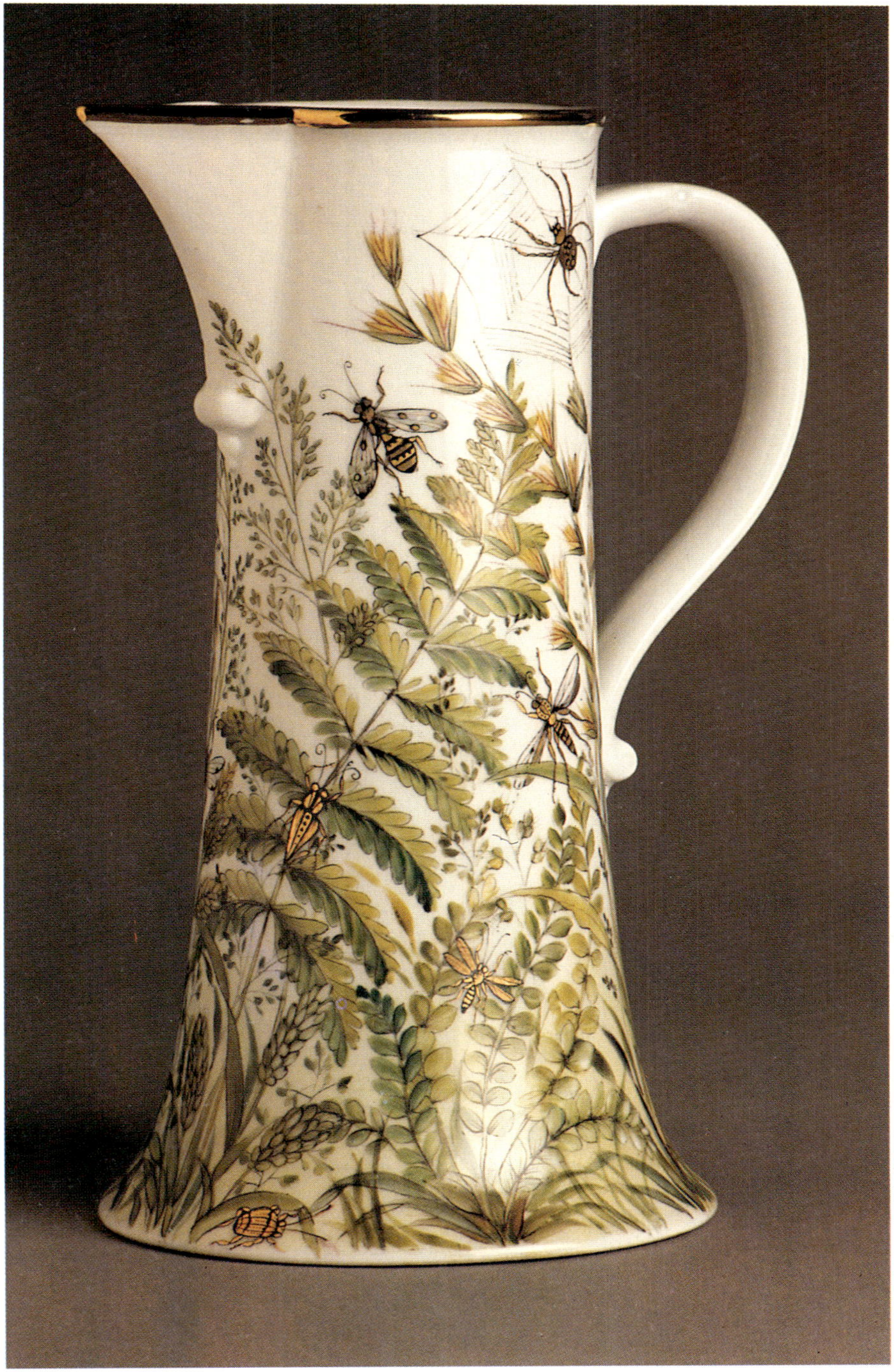

87 Stövchen mit Teelichteinsatz, beides mit einem federleichten Gräserstilleben geziert.

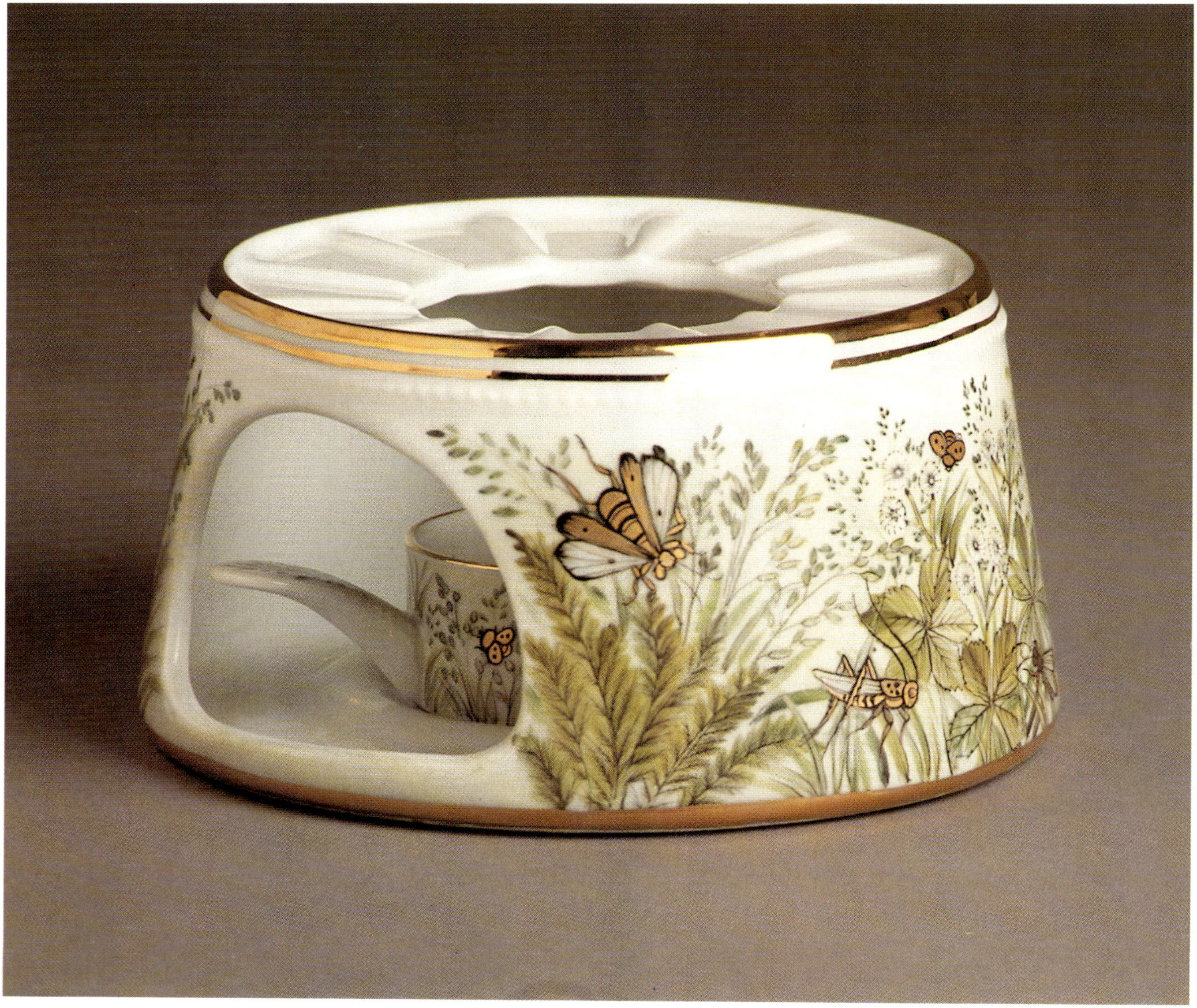

88 Das Stövchen im Einsatz.

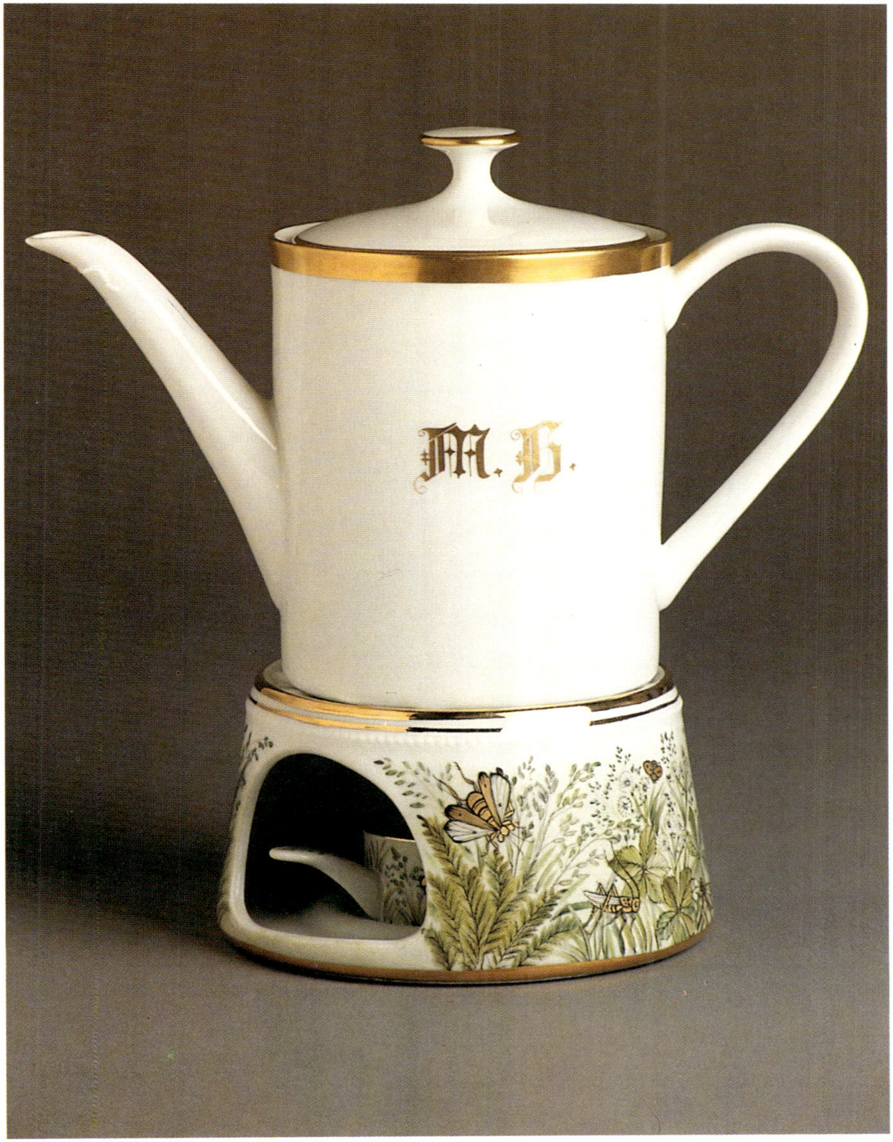

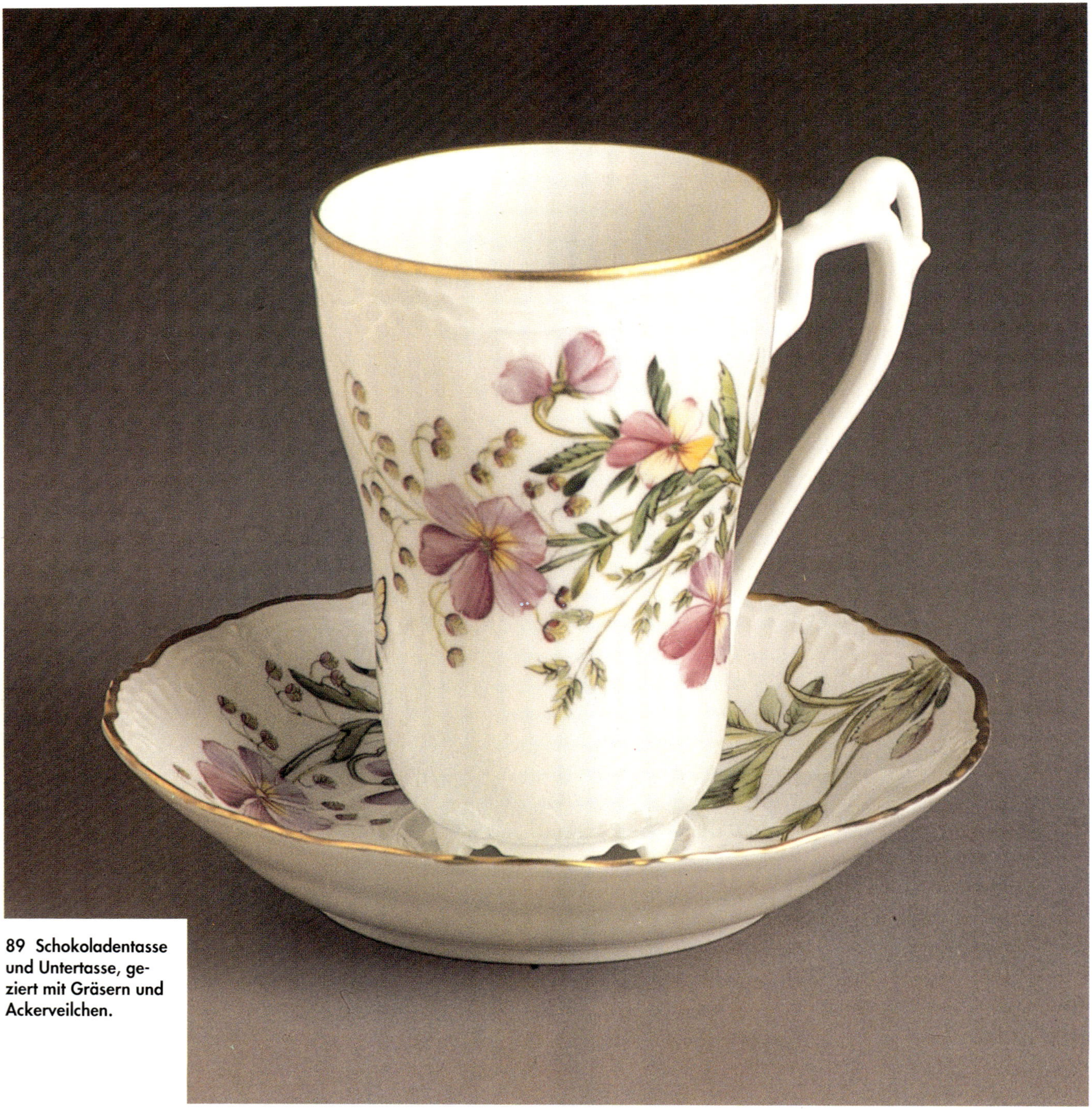

89 Schokoladentasse und Untertasse, geziert mit Gräsern und Ackerveilchen.

90 Zwei zierliche Tassen, einmal auf einem Sockel, einmal auf Goldfüßchen.

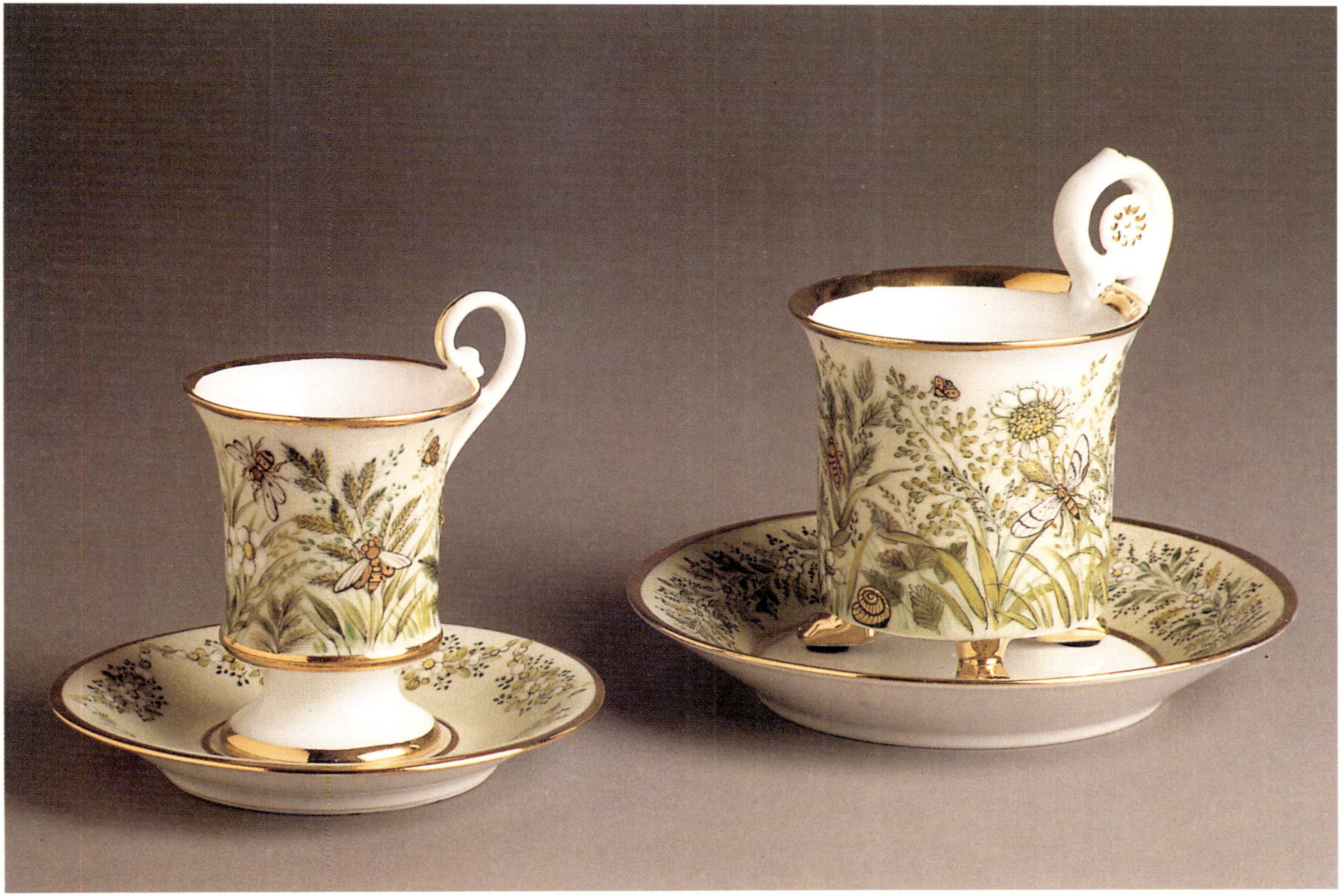

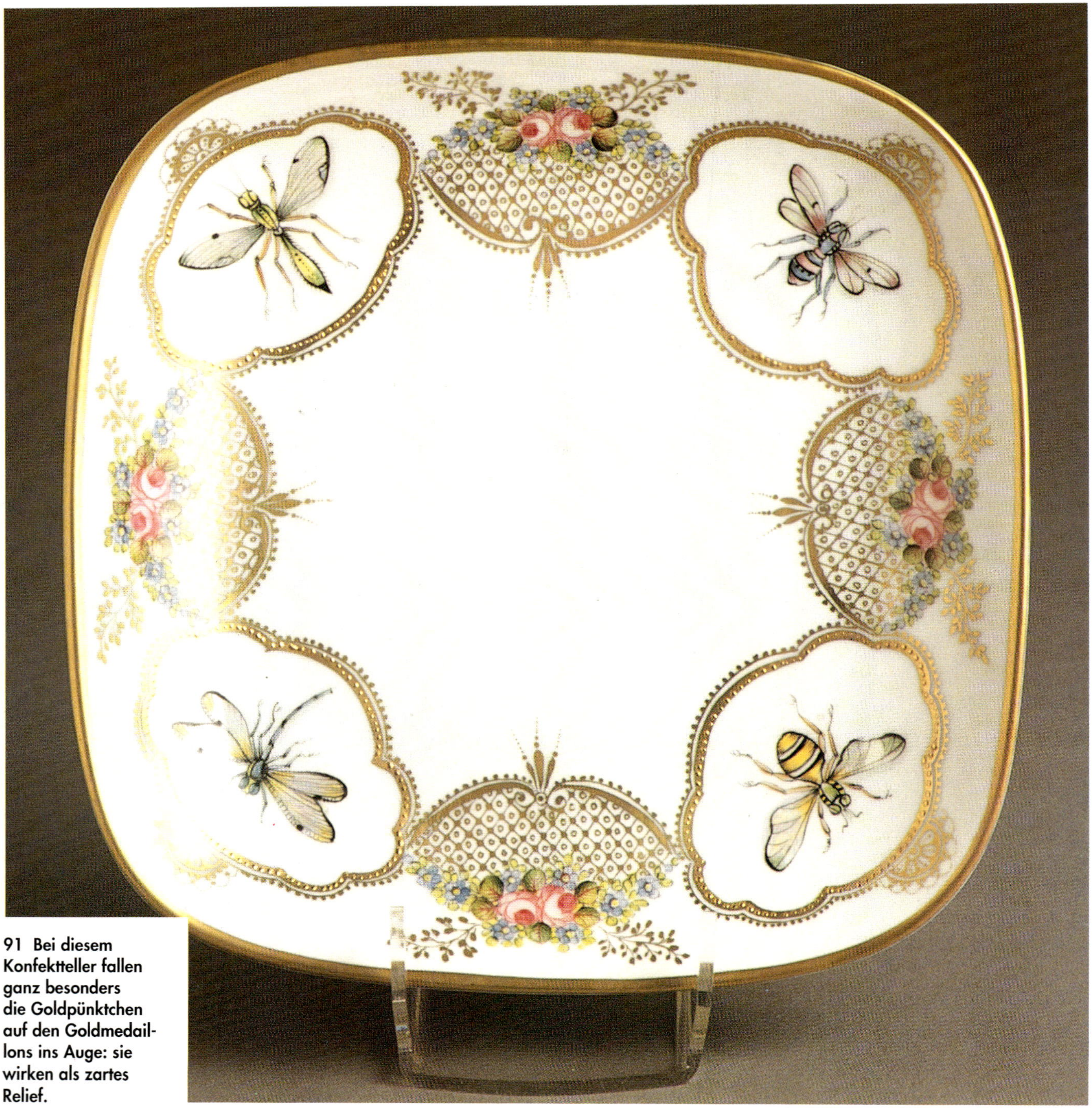

91 Bei diesem Konfektteller fallen ganz besonders die Goldpünktchen auf den Goldmedaillons ins Auge: sie wirken als zartes Relief.

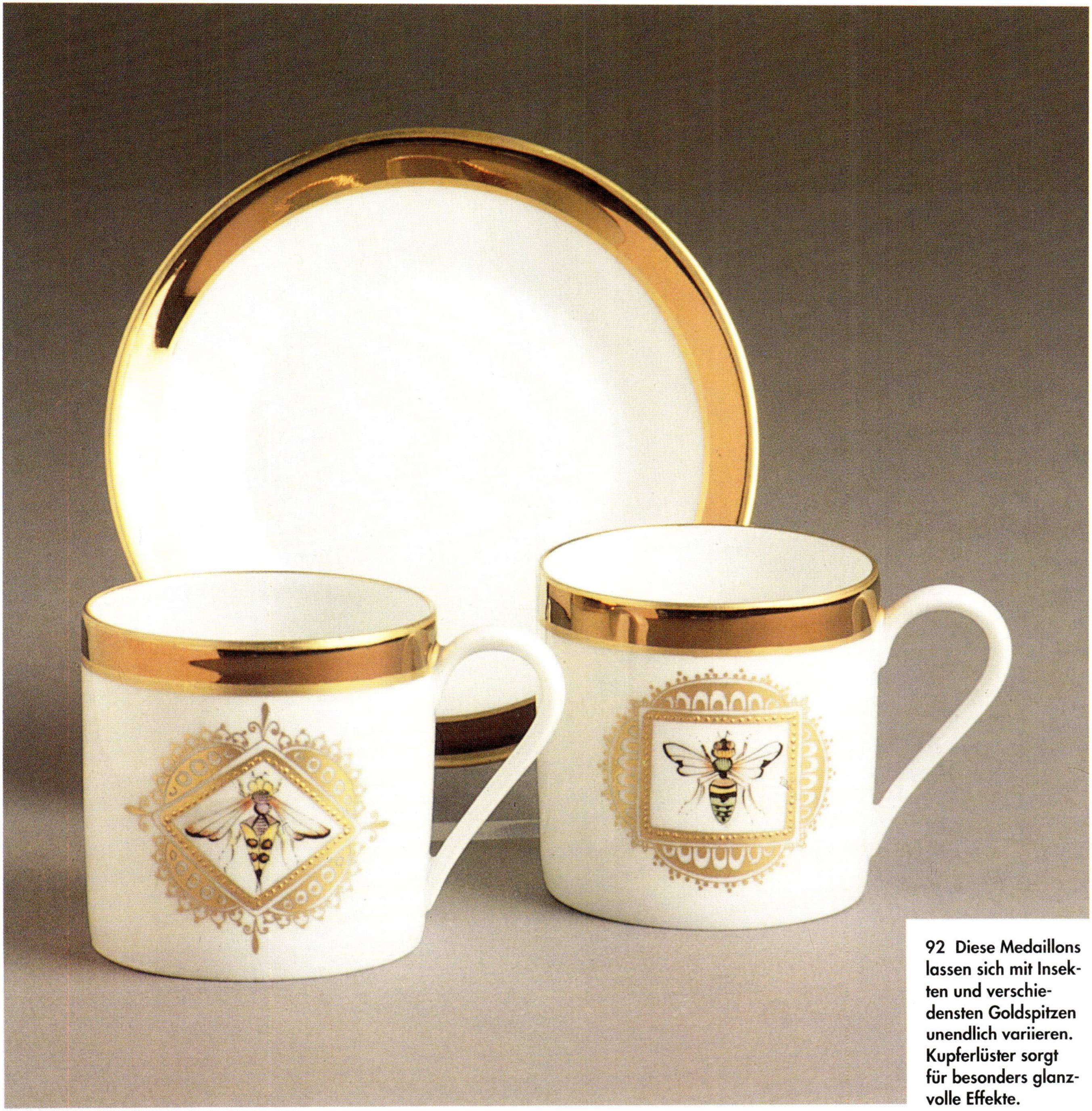

92 Diese Medaillons lassen sich mit Insekten und verschiedensten Goldspitzen unendlich variieren. Kupferlüster sorgt für besonders glanzvolle Effekte.

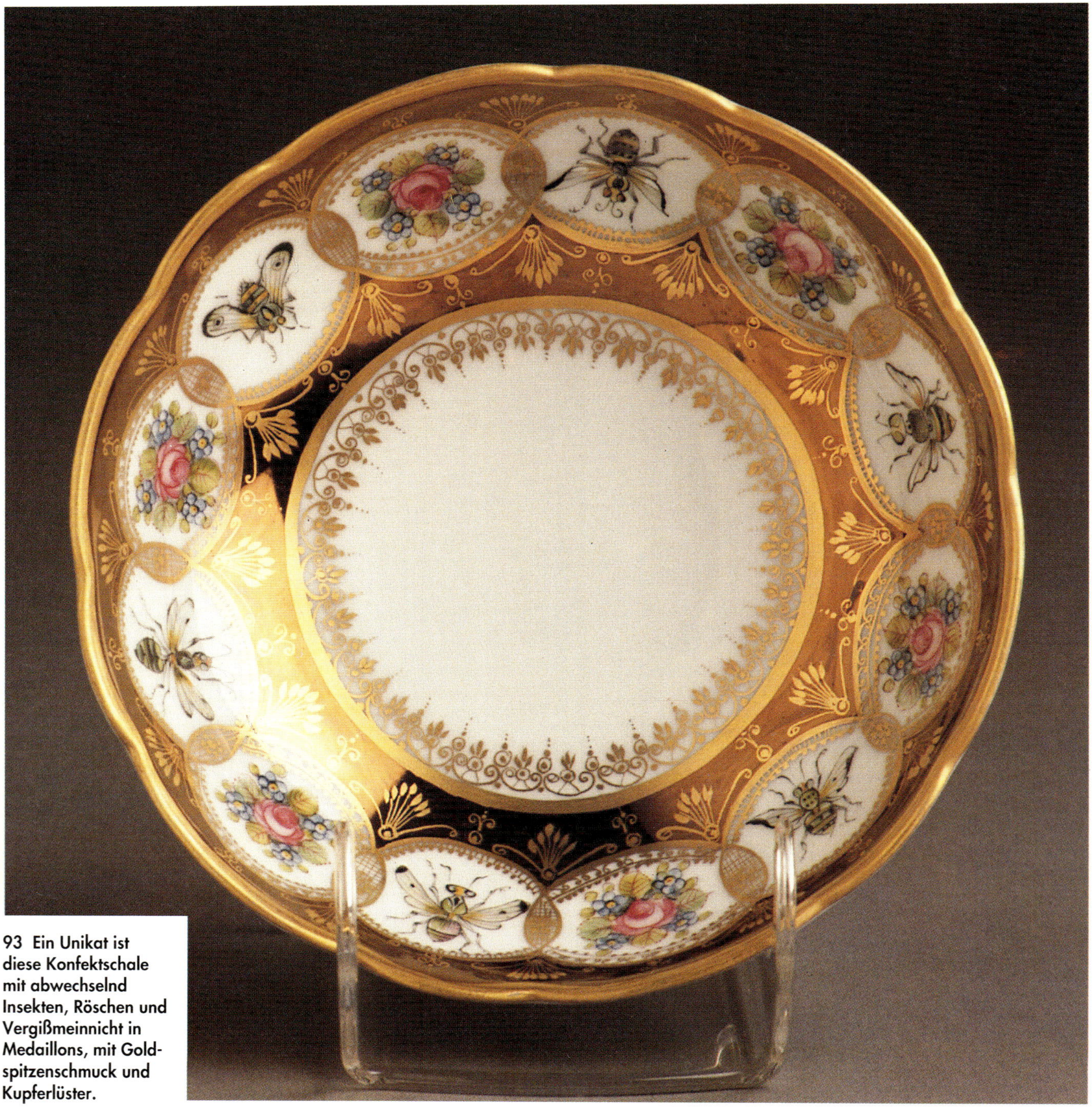

93 Ein Unikat ist diese Konfektschale mit abwechselnd Insekten, Röschen und Vergißmeinnicht in Medaillons, mit Goldspitzenschmuck und Kupferlüster.

94 Zwei Prunkmokkatassen mit Bienen, Faltern, Goldarbeiten, Kupferlüster und Blumengirlanden leiten ihre Herkunft direkt von fürstlichen Tafeln ab.

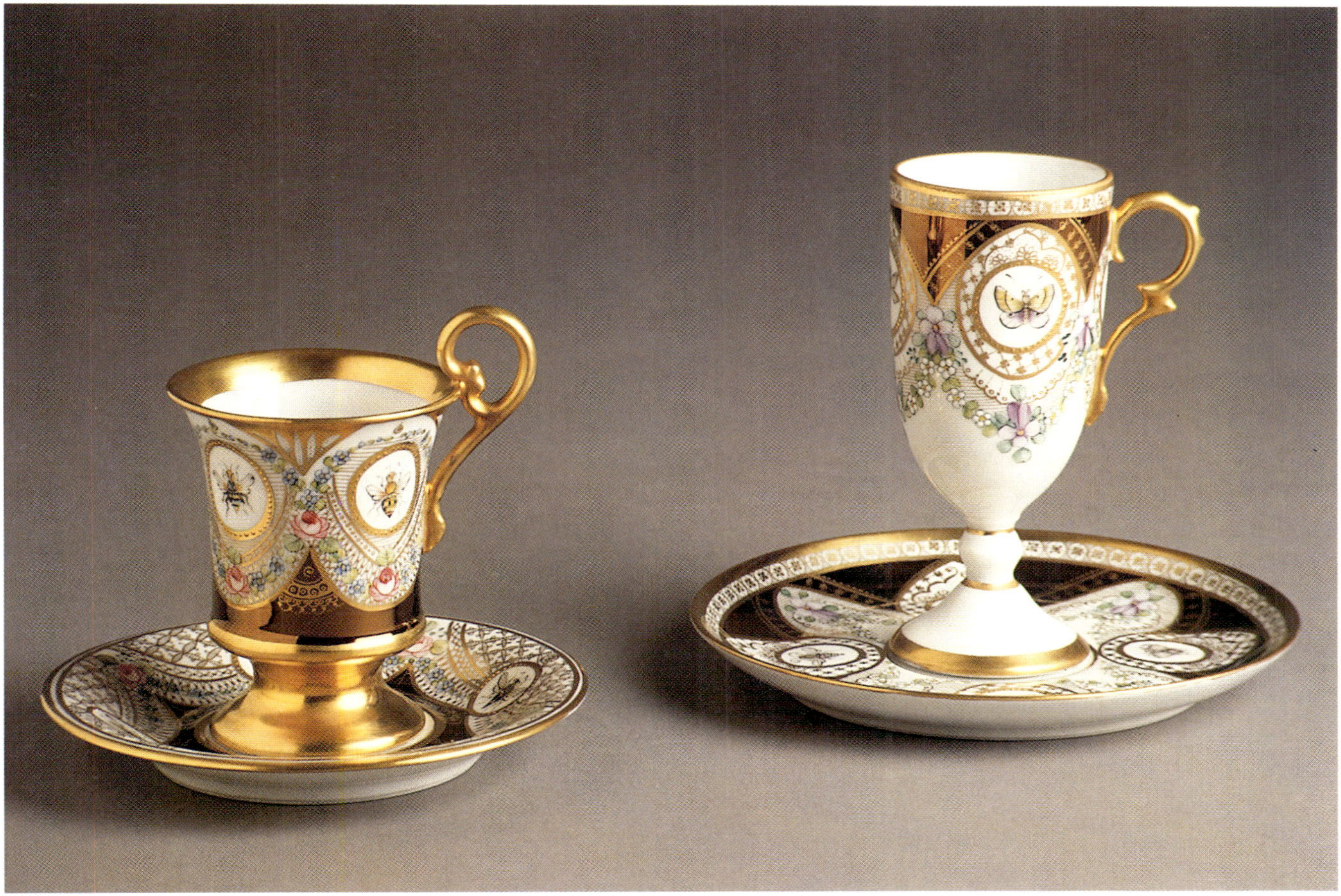

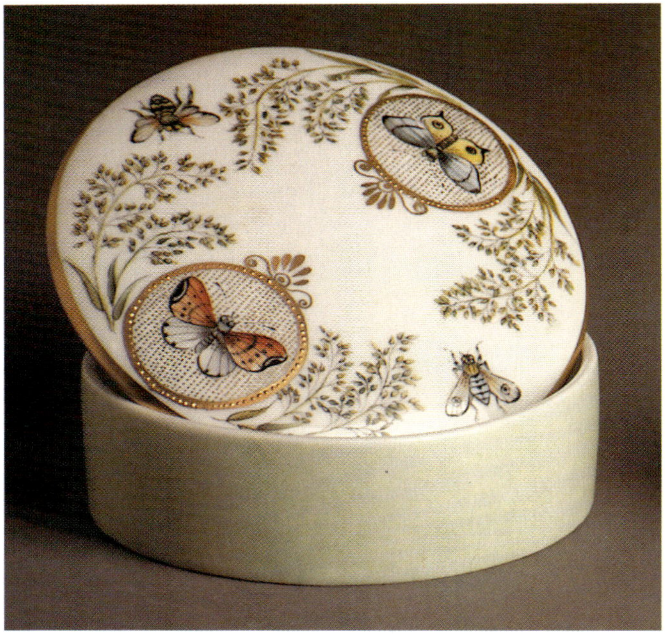

95 Attraktive Schmuckdose mit Faltern, Biene und Schlupfwespe, umschlungen von Gräserranken und Goldspitzen.

96 Hier ist das Dekor jeweils etwas verspielter. Dies wird bewirkt durch farbenprächtige Schmetterlinge und naturalistisch gezeichnete Blumen.

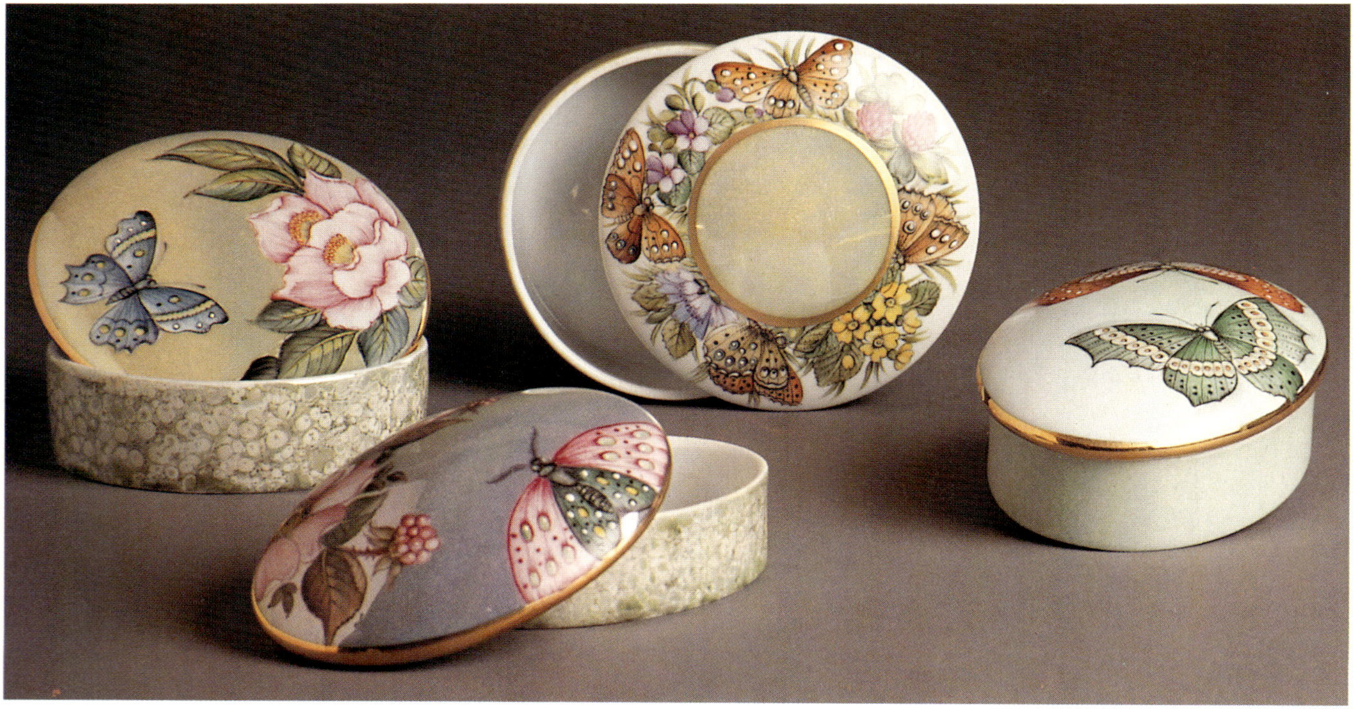

97 Dose und geschwungene Schale mit Deckel in reicher Goldmedaillonmalerei mit Insekten, zusätzlich mit Goldspitzen und rosafarbenen Blümchen, teilweise unterlegt mit hellgrünem Fond.

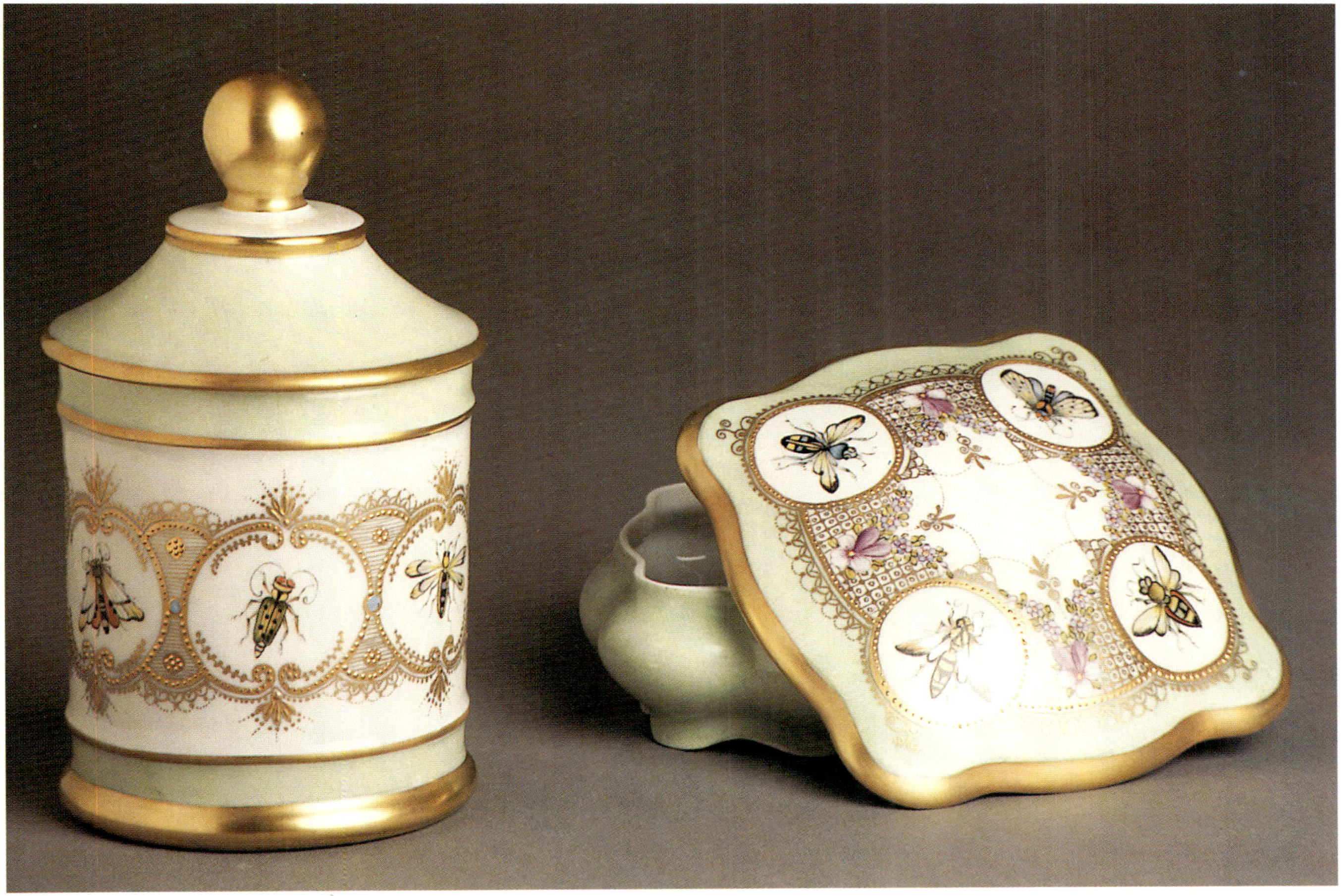

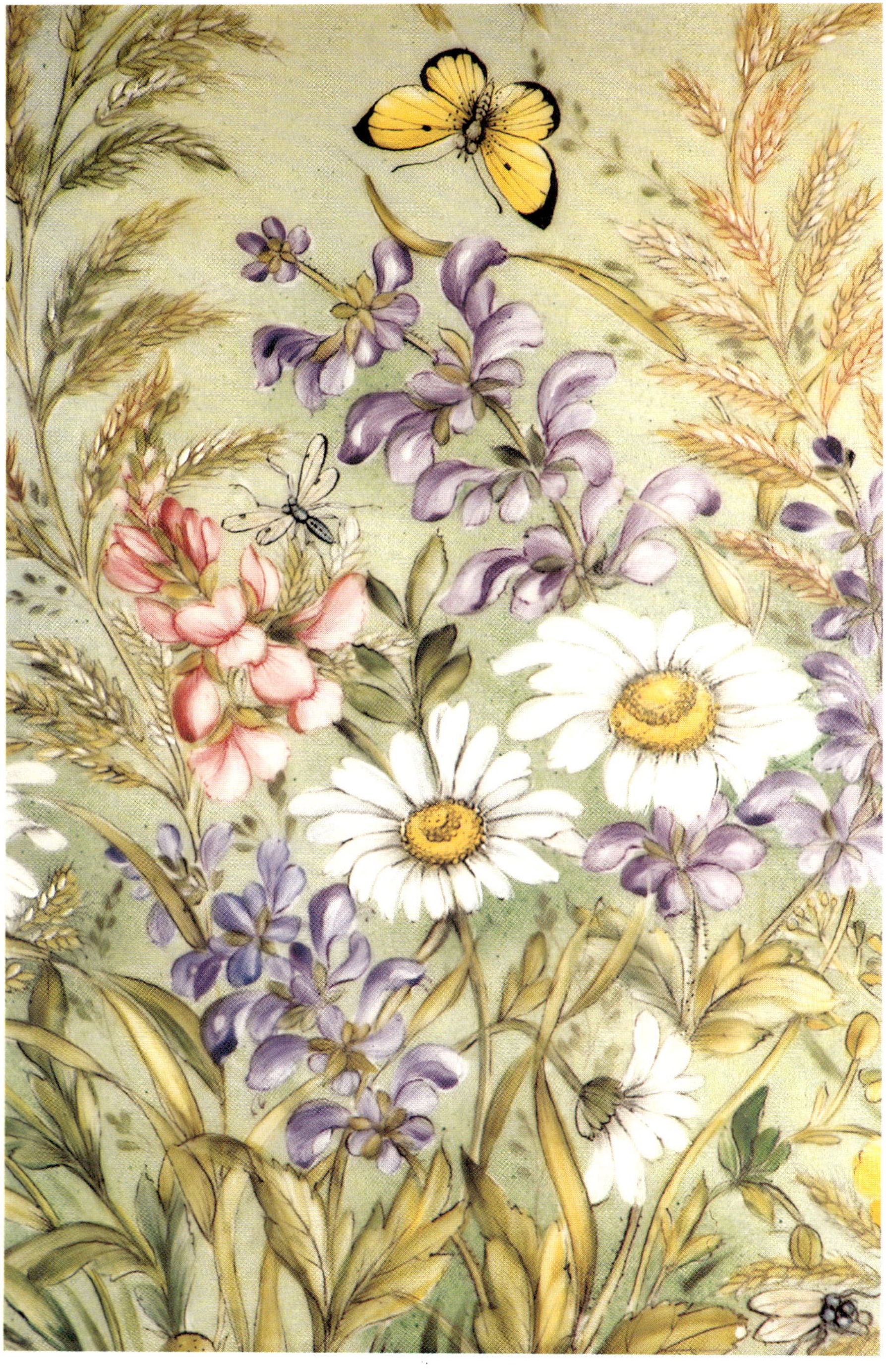

98 Der stark vergrößerte Ausschnitt des Serviertabletts von Abb. 99 läßt die Einzelheiten gut erkennen.

99 Großes Serviertablett mit vielen Insekten, Gräsern und eingestreuten Wiesenblumen. Es wurde ein zartgrüner Fond übergelegt, der aus den weißen Margeritenköpfen und auch aus einigen Blatteilen wieder herausgewischt ist.

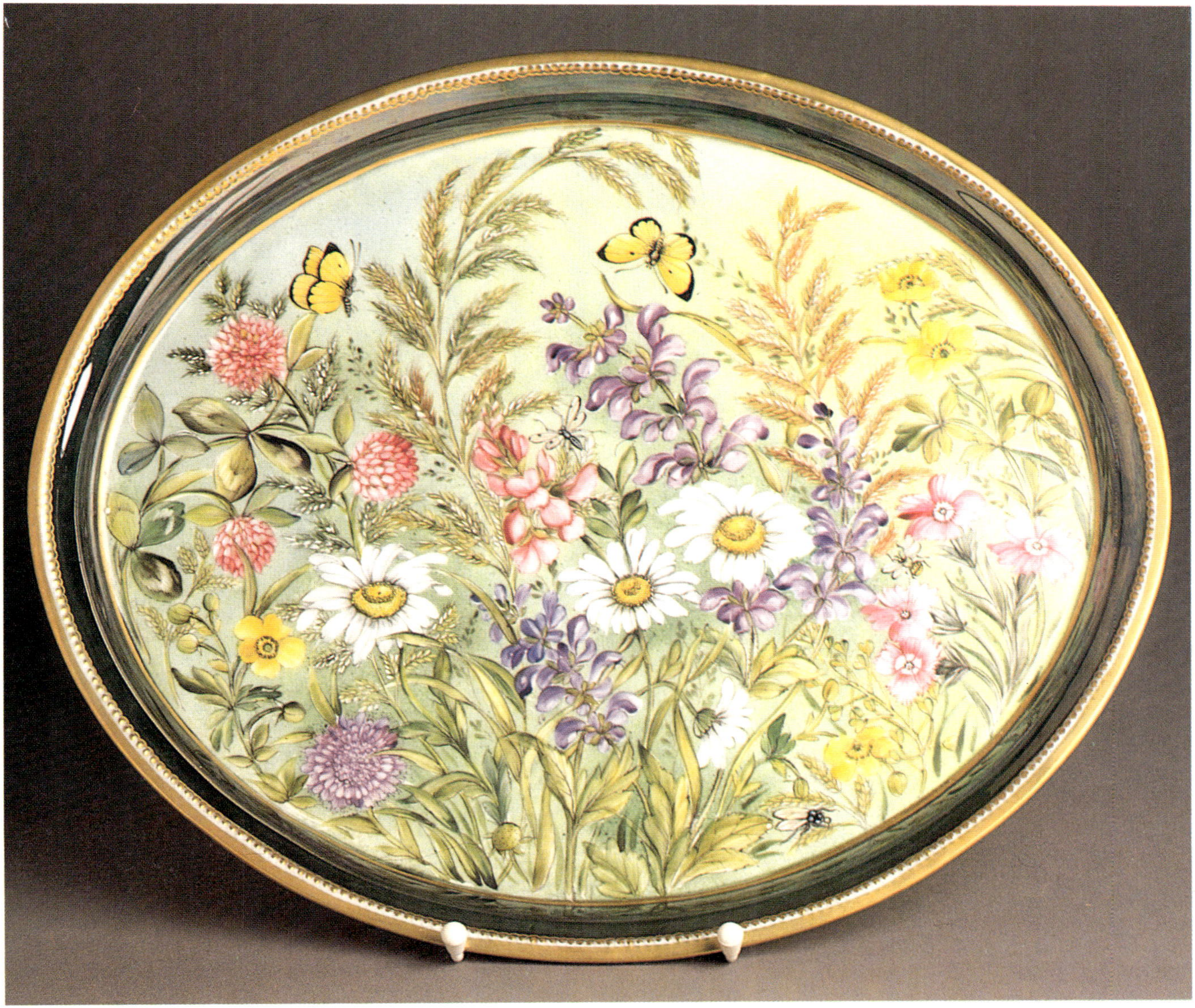

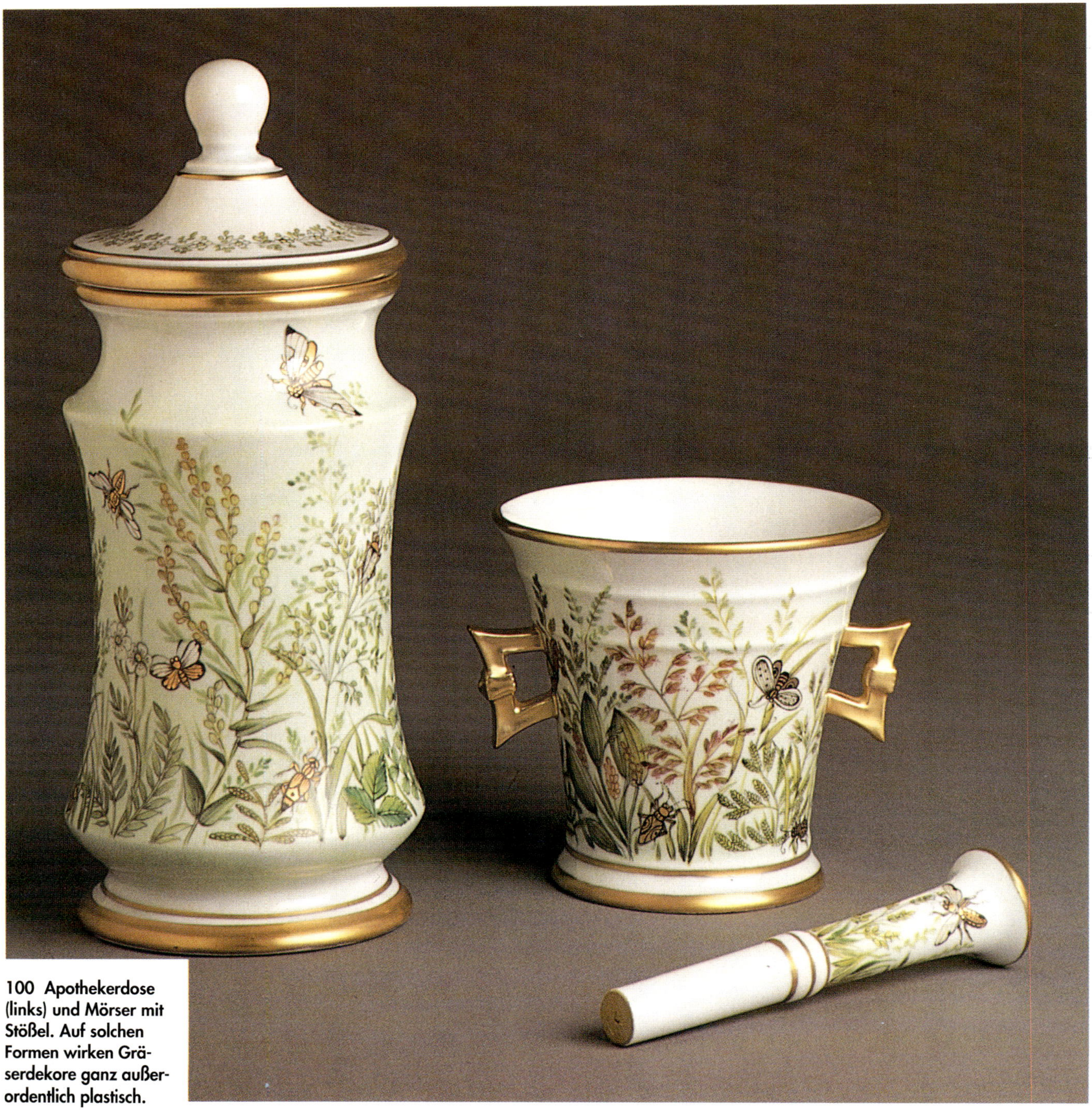

100 Apothekerdose (links) und Mörser mit Stößel. Auf solchen Formen wirken Gräserdekore ganz außerordentlich plastisch.

101 Hier hat sich ein Vogel eingefunden, um von den Früchten zu naschen. Bei dieser Kuchenplatte dominieren gelbe und grüne Farben neben dunklen. Vereinzelt wurden Goldreliefpünktchen aufgesetzt.

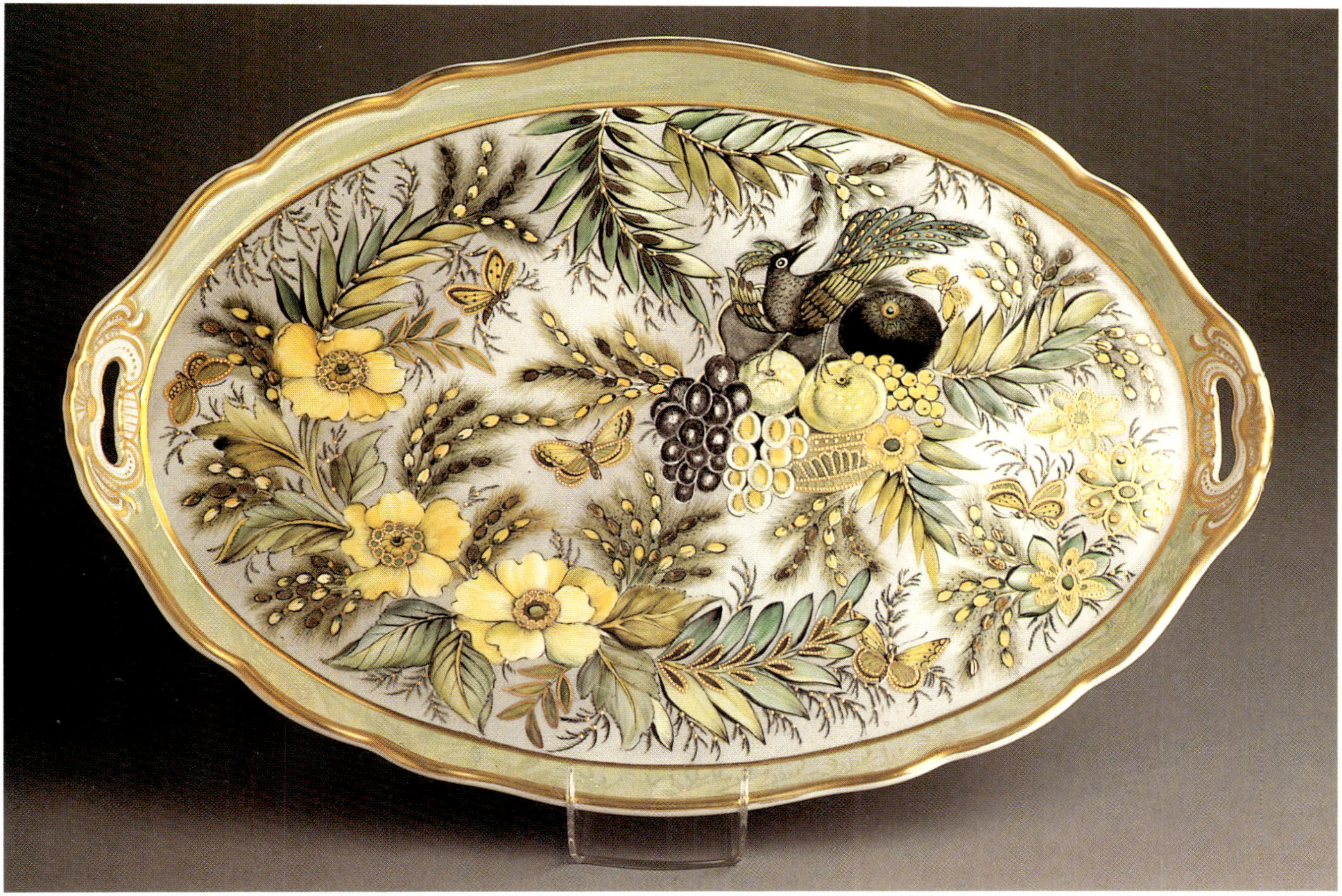